»Wein ist gleichsam die Lauge unserer Erinnerungen, und mit dem Duft aus einem guten Glas steigt immer auch ein Stück Vergangenheit auf.« Darin liegt zugleich die Crux des passionierten Weintrinkers, den unweigerlich die Schwermut befällt, wenn die geleerte Flasche die letzte im Keller gewesen ist. Aber jede Flasche, die man mit Vergnügen trinkt, ist ihr Geld wert, meint der Autor. Sammler, die ihre Kostbarkeiten gar nicht erst entkorken, sind für ihn keine Passionierten, sondern eitle Etikettensammler. Von Mode-Weinen, großem Brimborium um Gläser, Korkenzieher, Weinthermometer und Dekantiergerät hält er wenig. Dafür gerät er ins Schwärmen, wenn er von seinem Lieblingswinzer, seinem Weinhändler und der einen oder anderen Entdeckung abseits der ausgetrampelten Pfade der Kritiker und Gourmetzeitschriften erzählt. Seine Beschreibung der »Königsarznei« trifft mitten ins Herz eines jeden Weinliebhabers und Weinkenners.

Thomas Karlauf, geboren 1955 in Frankfurt, also fast am Rhein, lebt seit seinem 18. Lebensjahr in der (Wein-) Diaspora, zuerst in den Niederlanden, jetzt in Berlin. Er war viele Jahre als Verlagslektor tätig und ist heute als Literaturagent und Autor selbständig.

Thomas Karlauf

Wein

Kleine Philosophie der Passionen

Deutscher Taschenbuch Verlag

Originalausgabe
November 1998
2. Auflage April 1999
© Deutscher Taschenbuch Verlag GmbH & Co. KG, München
Umschlagkonzept: Balk & Brumshagen
Umschlagbild: © Alfons Holtgreve
Satz: Design-Typo-Print GmbH, Ismaning
Gesetzt aus der Bodoni Book, 12/14 Punkt (QuarkXPress 3.32 Mac)
Druck und Bindung: C. H. Beck'sche Buchdruckerei, Nördlingen
Gedruckt auf säurefreiem, chlorfrei gebleichtem Papier
Printed in Germany · ISBN 3-423-20216-5

Inhalt

Im Keller – statt einer Einleitung

> *»… daß er beim bloßen Schall der Kannen und Flaschen schon in Verzückung käm, als ob er die Freuden des Paradieses im voraus schmeckte.«*
>
> Rabelais

Bevor Sie anfangen zu lesen, begleiten Sie mich doch einfach in den Keller. Der Keller ist »der wahre Tempel des Weingottes und aller Flaschen«, wie Rabelais sagt; hier, an den Fundamenten, kann ein geübtes Auge sofort erkennen, ob der Bau was taugt. Ich wohne im obersten Stock eines Berliner Mietshauses in einer Seitenstraße des Kurfürstendamms. Das 1910 errichtete Haus verfügt neben anderen Annehmlichkeiten auch über einen kleinen Lift gleichen Baujahrs. Dieser Fahrstuhl hat den unschätzbaren Vorteil, daß ich samstags nachts, wenn der Wein zur Neige geht und die Gäste keine Anstalten machen, aufzubrechen, heil nach unten gelange und – mit meinen Flaschen unterm Arm – auch heil wieder nach oben.

»Die Beförderung von Personen darf nur unter Begleitung des angestellten Führers oder ohne diesen nur seitens der von der Polizeibehörde besonders zugelassenen Personen geschehen«, heißt es auf dem Messingschild an der Lifttür, aber steigen Sie trotzdem ein. Vier Stockwerke runter, über sechs Stufen hinaus auf die Straße, die nächste Haustür wieder hinein, durch einen langen Gang zum Hinterhof, rechts eine Treppe hinunter: Dann stehen Sie vor der Kellertür. Wieder ein Warn-

schild aus dem Kaiserreich, das es bei Strafe verbietet, den Keller mit offener Laterne zu betreten. Es gibt Leute, die der Ansicht sind, nur Kerzenlicht sei einem Weinkeller angemessen, erst das Flackern verleihe den Gewölben die nötige Romantik. Ich habe Romantik im Keller nicht nötig, für mich beginnt die Poesie beim Entkorken.

Ein Weinkeller muß drei Voraussetzungen erfüllen: kühl, feucht und schwingungsfrei. So sollte er sein, ist er in aller Regel aber nicht. Mein Keller zum Beispiel ist in erster Linie schwingungsfrei. Er scheint wie für die Ewigkeit gebaut und hat selbst die Berliner Bombennächte vom Herbst 1943 ohne Schaden überstanden. Den vor sich hin reifenden Weinen können die Schwingungen des Straßenverkehrs also nichts anhaben. Daß mein Weinkeller bombensicher ist, verschafft mir darüber hinaus die Gewißheit, daß die Flaschen selbst dann überleben, wenn draußen alles zu Bruch geht. Stendhal hat prophezeit, daß am Ende des 20. Jahrhunderts die Menschen in Europa mit der Flinte auf Nahrungssuche gehen werden. Zwar teile ich diesen Pessimismus nicht ganz – schließlich steht die Jahrtausendwende kurz bevor –, aber was den Wein betrifft, habe ich vorgesorgt und meinen Keller so angelegt, daß ich, sollte es eines Tages nötig sein, wieder in die Katakomben hinabzusteigen, diesen Gang voller Zuversicht antreten könnte.

Während die Stabilität meines Kellers außer Frage steht, habe ich um so größere Probleme mit der Kühlung und Luftfeuchtigkeit. Ein Berliner Mietshaus der Jahrhundertwende ist eben keine Zisterzienserabtei. Mein

Keller hat weder genügend Luftfeuchtigkeit, noch ist er kalt genug. Wenn ich erzähle, was ich schon alles unternommen habe, um eine Luftfeuchte von mindestens 60 Prozent zu erreichen, werde ich mich möglicherweise nicht nur der Lächerlichkeit aussetzen, sondern mir nachträglich auch eine Kündigung meines Hausbesitzers einhandeln.

Um es kurz zu machen: Ich habe meinen Keller mit der Gießkanne gegossen. Warum auch nicht? Andere gießen ihre Rabatten. Verzweifelt über die anhaltende Trockenheit und besorgt um meine Korken, bin ich kurz nach der Wende Richtung Werder gefahren, habe ein paar Eimer märkischen Sand in den Kofferraum geladen und diese anschließend in den Keller gekippt. Alle drei Tage wurde bewässert, und das Ergebnis war ziemlich verheerend. Statt gleichmäßig zu verdunsten, suchte sich das Wasser nämlich seine eigenen Wege, und die führten prompt in den Nachbarverschlag. Durch die Bretterwand war zwar nur undeutlich zu erkennen, um welches Holz es sich bei den dort gelagerten Möbeln handelte, aber ich beschloß vorsichtshalber, die Aktion abzubrechen.

Ich schaufelte den Sand etwa zwei Finger dick direkt in die Bordeaux-Kisten und türmte diese so aufeinander, daß ich mit einer langschnäbligen Kanne jede Kiste einzeln gießen konnte. Außerdem verpackte ich die Türme in wasserdichte Folie. Nun lagen meine Flaschen gleichsam im Dampfbad. Wenn ich zum Gießen die Folie herunterzog, entfaltete das Feuchtbiotop den betörenden fauligen Duft jahrhundertealter Weinkeller. Ne-

benbei hatte ich darauf spekuliert, daß die Intensivpflege den Etiketten eine schöne Patina verleihen würde. An den Etiketten merkte ich jedoch, daß die Sache nicht gutgehen konnte, denn schon nach wenigen Monaten zeigte sich Schimmel. Zuerst bekam das Papier braune Flecken, dann kleine Löcher, und eines Tages – nun, da entdeckte ich die winzigen weißen Tierchen. Noch am gleichen Abend fing ich an, meine »Wassertürme« zu zerlegen. Den Sand habe ich wieder in die ehemalige DDR gebracht.

Das Problem mangelnder Luftfeuchtigkeit war auf Dauer ebensowenig zu lösen wie das noch viel gravierendere der extrem schwankenden Temperaturen. Nun gehen die Meinungen, was einem Wein bekömmlich und was ihm noch eben zuträglich ist, so weit auseinander wie die Meinungen über den Wein selbst, aber 20 Grad Celsius sollten besser nicht überschritten werden. Die ideale Kellertemperatur wird allgemein mit 12 Grad Celsius angegeben. Da ich in diesen Dingen äußerst penibel bin – Hobby ist schließlich Hobby –, habe ich mir ein Minimum-Maximum-Thermometer zugelegt, alle zwei Wochen die beiden Werte abgelesen und eine entsprechende Kurve gezeichnet. Von Ende September bis Anfang Juli konnte ich einigermaßen zufrieden sein, aber in den drei Sommermonaten hielt ich die Luft an. Um mich zu beruhigen, habe ich wahrscheinlich ein bißchen gemogelt und 20 in meiner Liste notiert, auch wenn das Thermometer an manchen Tagen 21 Grad anzeigte.

Diese Doppelbelastung von mangelnder Feuchtigkeit bei zu hohen Sommertemperaturen hat meine Frau ver anlaßt, zu handeln und mir zu meinem 40. Geburtstag einen Weinkühlschrank zu schenken. Damit waren viele Probleme gelöst, aber wenn ich ehrlich sein soll, würde ich das Monstrum am liebsten wieder abschaffen. So perfekt, so steril, so leblos. Jahraus, jahrein die gleichen idealen 12 Grad, die gleiche hohe Luftfeuchtigkeit bei gleichmäßigem Surren.

Der Kühlschrank steht in der Küchenkammer, und anfangs dachte ich, dies sei eine große Versuchung. Keine vier Stockwerke mehr, keine sieben Türen, nein, ein schneller Griff würde in Zukunft genügen. Durch regelmäßige Plünderungen wäre der eigentliche Zweck des Geburtstagsgeschenks allerdings verfehlt worden. Viel größer als meine Angst vor sommerlichen Temperaturen, die im schlimmsten Fall die Lebensdauer der Weine um ein paar Jahre verringern, war nämlich meine Angst, auf einen Schlag alles zu verlieren, also die Angst vor Diebstahl. Was ist nicht schon alles aus Großstadtkellern gestohlen worden: Fahrräder, Drehbänke, Weckgläser. Ich habe selbst die Probe gemacht: Zwischen den Brettern des Verschlags hindurch konnte man mit Hilfe einer Taschenlampe die Etiketten genau unterscheiden.

Nicht daß unsere Nachbarn allesamt Weinfreunde wären – der Glascontainer im Hof läßt eher auf verhaltenen Konsum schließen –, aber Gelegenheit macht Diebe. Einmal habe ich beinahe einen überrascht. Ich war gerade dabei, meinen Verschlag gegen unerwünschte Einblicke mit Dachpappe auszukleiden, als ich auf der Kellertreppe Schritte hörte. Ich zog die Tür meines

Verschlages zu, knipste das Licht aus und rührte mich nicht. Es war aber nur eine ältere Nachbarin, und wenn ich mich bemerkbar gemacht hätte, wäre sie wohl vor Schreck in Ohnmacht gefallen. Das Ganze war mir ziemlich peinlich und für meine Frau der Anlaß, dem Problem mit einem Kühlschrank zu Leibe zu rücken.

Daß ich seither nicht mehr ganz glücklich bin, liegt auch an der durch die Anschaffung des Wein-Kühlschranks verursachten Zweiteilung meiner Bestände. Wenn einem alle Flaschen gleich lieb sind, wie soll man dann entscheiden, welche im Keller bleiben und welche in den Kühlschrank wandern? Der Kühlschrank faßt etwa hundert Flaschen. Die hundert besten? Aber welche sind die besten? Die fragilsten? Also vor allem trockene weiße? Die langlebigen? Also vor allem süße weiße und die roten? Die alten, die bei schwankenden Temperaturen am ehesten kippen? Diese werden ohnehin als erste getrunken, wozu also noch in den Kühlschrank? Fragen über Fragen.

Am Ende liefen die Umstrukturierungen auf eine Zweiklassengesellschaft hinaus: Die teuren Gewächse mit hoher Lebenserwartung und die leicht zerbrechlichen liegen seither oben, die robusteren Proletarier beherrschen den Keller. Diese Trennung ist nicht gut. Ein Weinkeller sollte alles umfassen, was seinem Besitzer schmeckt und was die Weinberge an Qualitäten hergeben. Erst wenn der Gutsriesling in der Literflasche neben der 0,375 ml Trockenbeerenauslese liegt, kann ich die dazwischenliegenden Nuancen ermessen und vermag beide in ihrer Art zu würdigen. Wenn ich eine Flasche wäre, würde ich es im übrigen als ein Privileg betrachten, im Keller liegen zu dürfen. Die Häufung der Weinoberklasse auf gekühlte 300 Bruttoinhaltliter ist ziemlich steril. Es soll allerdings Leute geben, die sich einen Weintemperierschrank mit Glastür und Innenbeleuchtung ins Wohnzimmer stellen – die Flaschen in Schräglage, die Etiketten nach oben.

Seit die Spitzen fehlen, kommt mir der Keller zwar ein wenig verwaist vor, aber noch immer verbringe ich dort die mir liebsten Stunden an manchem Samstagnachmittag. An der linken Wand lagern die Flaschen, die getrunken werden können. Ganz vorn die Burgunder, weiß und rot, daneben die deutschen, dann zwei Regale Bordeaux. 30 Flaschen nebeneinander, sieben Reihen hoch, macht etwa zweihundert Flaschen. Oben auf den Regalen stehen ein paar Kartons mit einfachen Weinen für den täglichen Bedarf. Vor dieser Batterie – alle Flaschen liegen leicht gekippt mit dem Hals zur Wand – steht mein Fahrrad.

An der hinteren Wand sind die Bordeaux-Kisten gestapelt, rechts die Kartons mit deutschem Wein, beides für den mittelfristigen Gebrauch angelegt, das heißt auf fünf bis zehn Jahre. Dann gibt es noch ein paar vereinzelte Italiener und Spanier, Châteauneuf-du-Pape und Hermitage und, je nach Lust und Jahreszeit, eine Kiste Corbières oder einen Karton Weißburgunder. Immer aber habe ich einen genügenden Vorrat Côtes du Rhône von Guigal, auf den ich seit zehn Jahren – damals war gerade der besonders gute 85er auf dem

Markt – immer wieder gern als Tischwein zurückgreife. Am Eingang steht das Olivenöl.

Samstag ist Kellertag. Dann geht es da unten zu wie auf einem Verschiebebahnhof. Die Kartons, die seit der letzten Reise noch immer herumstehen, die Kisten, die zuletzt vom Importeur angeliefert wurden, die Flaschen, die ich unter der Woche erstanden habe: all das muß gebunkert werden. Da ein guter Weinkeller grundsätzlich wachsen und nicht nur in den Anfangsjahren mehr Flaschen aufnehmen sollte, als ihm entnommen werden – wer weiß, wann sich die Zeiten ändern? –, gilt es zunächst die Platzprobleme zu lösen. Die erforderlichen Lagerbewegungen setzen eine gründliche Kenntnis der einzelnen Weine voraus, die danach beurteilt und eingeordnet werden, wann sie ihre Trinkreife erreichen. Eine einfache schnelle Flasche, die ins falsche Regal gelangt und dort womöglich jahrelang übersehen wird, dürfte bei ihrer Entdeckung wenig Freude bereiten.

Die Kunst des Nachschubs besteht darin, die richtigen Lücken in den Regalen auszumachen und diese sinnvoll zu füllen. Rechts unten zum Beispiel, bei den trinkfertigen 82er Margaux, sind zwei Plätze frei, und drei Reihen höher im Regal daneben, bei den 86er St-Estèphe, gibt es ebenfalls zwei Liegeplätze. Unterzubringen sind sechs 95er Roc de Cambes, der rare Spitzenwein von den Côtes de Bourg. Da entsteht ein endloses Gerangel um die vorderen Plätze, bei dem jede Flasche mindestens einmal in die Hand genommen wird. Am Ende muß alles so liegen, daß der Platz der

Flasche im Regal sowohl dem Rang des jeweiligen Weins als auch dem Grad seiner Reife entspricht. Nach getaner Arbeit nehme ich erschöpft auf einer Weinkiste Platz und ergötze mich am Anblick der neuen Liegeordnung.

Einen Weinkeller übersichtlich zu organisieren ist fast so schwer wie eine Bibliothek zu ordnen. Wer hat nicht schon einmal versucht, seine Bücher nach anderen als alphabetischen Gesichtspunkten ins Regal zu stellen? Eine Bibliothek läßt sich nach allen möglichen Kriterien einrichten, nach den Geburts- oder Sterbedaten der Autoren, nach dem Erscheinungsjahr der Werke, nach literarischen Gattungen oder Epochen, aber am Ende wird das jeweilige Prinzip wohl nur seinem Erfinder auf Anhieb einleuchten. Erstaunlicherweise beginnen die Autoren durch unsere Zuordnung untereinander in ein Verhältnis zu treten, und kaum schieben wir ein paar Bücher dazwischen, entsteht eine neue Korrespondenz. Manche Bücher, die man nie gelesen hat und wahrscheinlich nie lesen wird, können auf diese Weise als gelesen gelten.

Weil man schnell den Überblick verliert, empfiehlt es sich, jede Bewegung im Weinkeller festzuhalten. In einen grünmarmorierten Pappband, der inzwischen stark abgegriffen ist, trage ich bei Neuerwerbungen sämtliche Weindaten samt Preis, Bezugsquelle und Trinkreife ein. Wird eine Flasche geleert, erfolgt der Kommentar, manchmal mit drei Sternchen versehen, hin und wieder auch mit einem dicken Minus. Auch viele der von mir außerhalb, bei Freunden, in Restaurants, auf Wein-

proben getrunkenen Weine werden in meinem Büchlein verewigt. Zwar gibt es heute eigene PC-Datenbank-Programme für den privaten Weinkeller, über die sich per Internet sogar der Kauf und Verkauf von Wein abwickeln lassen, aber ich bin da ähnlich skeptisch wie beim Weinkühlschrank. Mein Weinkellerbuch, übersät mit Randnotizen, Querverweisen, Streichungen, ist schließlich mehr als eine à jour gehaltene Vorratsliste, es ist eine Art heimliches Tagebuch, und Tagebuch führt man nicht im Computer.

Wenn ich dann am Samstagnachmittag mit allem fertig bin – am Schluß werden die nicht mehr benötigten Holzkisten zerlegt und die Kartons zerrissen –, stehe ich vor der heiklen Aufgabe, den Wein für den Abend auszuwählen. Das ist ein Kapitel für sich, ziemlich gegen Ende dieses Buches. Nur soviel sei hier schon verraten: Was auch immer auf dem Speisezettel steht, man hat grundsätzlich den falschen Wein im Keller. Vor allem die Vorspeisen sind ein unlösbares Problem. Hinzu kommt, daß man den Tischwein idealerweise auch zum Kochen benutzen sollte, und manche Soßen verschlingen einen halben Liter. Da stehe ich dann im Keller und ringe mit mir.

Allerdings bin ich im Laufe der Jahre dahintergekommen, daß eine Flasche Wein um so besser schmeckt, je unbefangener man sie öffnet. Es ist beim Wein wie bei anderen Genüssen auch: Wer bereit ist, sich überraschen zu lassen, mindert auf jeden Fall das Risiko, enttäuscht zu werden. Sollte es die falsche Flasche zum falschen Zeitpunkt sein, merkt man es spätestens, sobald der Saft im Glas verströmt. Dann ist noch immer Zeit genug, darüber nachzudenken, was man möglicherweise alles falsch gemacht hat.

Insgesamt, einschließlich der Kühlschrankelite, zählt mein Keller etwa 600 Flaschen, die gut beobachtet und gepflegt werden, die vor allem natürlich getrunken werden wollen. Welche Flaschen dort liegen, warum gerade diese und nicht andere, wie lange sie dort schon ihres Schicksals harren und wie lange sie sich noch gedulden müssen, bis sie endlich erlöst werden, ist Gegenstand dieses Buches.

Éducation sentimentale

*Was sind die dichtesten Lebensschranken
anders als ein Rebengeländer, zum Reifen
der Weinglut aufgebauet?*

Jean Paul

Irgendwann habe ich aufgehört, Weinführer und Bücher
über Wein zu lesen. Die Lektüre ist auf Dauer ziemlich
ermüdend und überdies recht deprimierend. Entweder
werden in hymnischen Tönen Weine beschrieben, die
man höchstwahrscheinlich nie zu schmecken bekommt,
oder man liest in großformatigen Bildbänden mit stim-
mungsvollen Farbaufnahmen allerlei Besinnliches über
Land und Leute, was einem passionierten Weinfreund
nicht eben weiterhilft. Dabei schreibt, wie man bald
feststellt, die eine Hälfte der Autoren gern bei der anderen ab, und die Geheimnisse der Vinifikationsverfahren
dürften einem nach der Lektüre so rätselhaft sein wie
zuvor. Die chemischen Prozesse sind ja nur mit Blick
auf das Ergebnis interessant: Solange uns der Wein
schmeckt und bekommt, werden uns önologische Vor-
lesungen ziemlich schnuppe sein.

Bücher und Artikel über Wein erinnern in vielem an
die Testberichte in Autozeitschriften. Folgt man den
verzückten Beschreibungen, sind alle Autos wunderbar,
und noch die letzte Macke im Fahrwerk wird zur
Herausforderung für sportliche Typen deklariert. Was
soll der Testfahrer auch anderes schreiben, wenn er sich

beim Nachfolgemodell nicht mit der Computersimulation begnügen will? Weil er in einem kritischen Artikel über das französische Appellationensystem mit der Aussage zitiert worden war, es gebe auch im qualifizierten Bereich genügend skandalöse Produkte, wurde der Direktor des Appellationeninstituts INAO im Sommer 1996 abberufen und in die Hochseefischerei versetzt. Statt schwarzer Schafe zählt er jetzt faule Fische.

In der wunderbaren Welt der Weine sind Kritiker nicht gern gesehen. Das eine Château ist bedeutender als das andere, der neue Jahrgang erst einmal mindestens genauso gut wie der vorige. Im Frühjahr 1998 überschlugen sich die tollen Nachrichten wieder einmal: Der 97er Bordeaux, hieß es da, erinnere wegen der frühen Lese an das Wunderjahr 1893, im Burgund müsse man bis 1945 zurückgehen, um Vergleichbares zu finden, für Italien und das Elsaß rechne man mit der Qualität von 1947, und in einigen Gebieten Deutschlands erwarte man Weine wie zuletzt 1971 und 1976. Seien Sie unbesorgt, falls Sie noch keine 97er bestellt haben; ähnliche Voraussagen gab es auch für 1996 und 1995 und für viele Jahrgänge zuvor, und meist hat es sich als klug herausgestellt, erst einmal abzuwarten.

Das Geschäft mit dem Wein befriedigt viele Sehnsüchte, und nicht zufällig ähneln die reichillustrierten Weinbücher, die in manchen Buchhandlungen eine ganze Abteilung bilden, den Katalogen aus dem Reisebüro. Während diese jedoch gratis verteilt werden, haben Weinbücher ihren Preis, für manche bekommt man glatt einen guten Sechser-Karton aus dem Chalonnais. Ich

lasse die Bücher stehen und gehe lieber um die Ecke zum nächsten Weinladen. Denn klüger in den Dingen des Weins wird man nur, wenn man die Nase selber ins Glas steckt.

Ein paar Grundkenntnisse sollte man allerdings mitbringen, sonst führt die Vielzahl der Etiketten schnell zu heilloser Verwirrung, und auch zum gelegentlichen Nachschlagen sind einige Bücher hilfreich. Es braucht ja nicht gleich das Oxford-Weinlexikon für 298 Mark zu sein, und statt des sogenannten »großen Johnson« kaufe ich lieber hin und wieder eine Neuauflage des kleinen, der alle Informationen enthält, die man zur täglichen Abfüllung benötigt, und der, wenn es sein muß, auch in die Rocktasche paßt. Der »kleine Johnson« ist für Einsteiger ideal, weil er die wichtigsten Weinbaugebiete der Welt in Kurzartikeln erschließt und quer durch alle Qualitäten in schöner Ausgewogenheit Beschreibungen und Bewertungen mischt. Daß letztere nicht in jedem Einzelfall zuverlässig und auch nicht immer auf dem aktuellen Stand sind, sollte die Freude an der Lektüre nicht trüben; es fällt einem ohnehin erst auf, wenn man – nicht zuletzt mit Johnsons Hilfe – seine Lieblingsweine gefunden hat und dem Meister aller Klassen längst zu Dank verpflichtet ist.

Wichtiger als Worte sind Karten. Für alle größeren Weinbaugebiete liegen vorzügliche Karten vor, und schon bei einem Maßstab von 1:40 000 läßt sich jedes Gefälle, jede Wegbiegung, jeder Schmerzensmann im Weinberg exakt lokalisieren. Nun habe ich schon früh einen Hang zu Landkarten entwickelt, auf denen in freier Phantasie herumzukurven mir viel aufregender vorkam als das mitunter beschwerliche Reisen selbst. Als Kind lag ich zu Hause gern auf dem Teppich und blätterte in ›Dierckes Weltatlas‹. Mit dem Bleistift fuhr ich dann die großen Flüsse entlang und malte mir aus, wie es an den Ufern des Mississippi wohl aussehen mochte, oder ich folgte der Transsibirischen Eisenbahn und machte mir Sorgen, daß die Leute, die jetzt im Zug nach Wladiwostok saßen, nicht genügend heißen Tee bekamen.

Karten zeigen nicht nur, wo überall auf der Welt Wein wächst, nämlich um den 30. Breitengrad südlicher Breite (Australien, Chile, Südafrika) und auf der nördlichen Halbkugel bis hinauf zum 50. Breitengrad (das entspricht bei uns in etwa der Mainlinie), sie geben auch Aufschluß darüber, wo er am vorzüglichsten gedeiht. Im Norden, wo die Reben vor kalten Winden geschützt sein wollen und die Sonne weniger Kraft hat, liebt der Wein die leicht geneigten bis steilen Südhänge, die sich an den kleinen Flüssen oder am Rande großer Ebenen hinziehen. Im Süden, etwa an der Rhône oder im Bordelais, wo die Sonne stark und die Witterung weniger rauh ist, liegen die Weingärten oft da wie riesige landwirtschaftliche Anbauflächen. Die sehen zwar weniger romantisch aus, sind aber leichter zu bestellen und liefern größere Mengen; auch aus diesem Grund wird im Süden mehr Wein getrunken als im Norden.

Als ich das erste Mal an die Mosel kam, kannte ich jeden Hektar zwischen Trittenheim und Ürzig, wußte, wo die Freibäder lagen und über welche Brücken man am besten fuhr. Ich saß auf dem Beifahrersitz und war

entzückt, daß alles noch viel schöner war, als ich es mir beim Blättern im Weinatlas vorgestellt hatte. Beim Anblick mancher Spitzenlage stieg Erinnerung auf an diese oder jene seltene, Jahre zuvor getrunkene Flasche, und ich verneigte mich still im Vorüberfahren. Wein und Landschaft gehören zusammen, und die Weine einer Region sind für mich erst dann komplett und wirklich zu beurteilen, wenn ich das Land und seine Menschen kenne. Diese Erfahrung habe ich immer wieder gemacht. Wenn ich nach ein paar Probeflaschen auf den Geschmack gekommen war und ein neues Weingebiet für mich entdecken wollte, studierte ich die Karten. So kam ich ins Elsaß, nach Burgund und in die Wachau.

Niemand wird behaupten wollen, daß Menschen nördlich des 50. Breitengrads von Natur aus weniger vom Wein verstehen als unterhalb der Weingrenze, aber im sandigen Vorpommern wächst der Deutsche nun einmal mit anderen Fruchtsäften auf als an der Rheinfront. Dort gibt's schon bald nach dem Most das erste Schöppchen, und während der Unterschied zwischen Ruländer und Silvaner spätestens mit der Firmung geläufig sein dürfte, muß ein Greifswalder fleißig üben, bis er die verschiedenen Flaschen zu unterscheiden gelernt hat. Wer sich an den Wein langsam herantrinkt, wird anders damit umgehen und andere Erfahrungen sammeln als derjenige, der unter Winzern aufwächst oder in Gegenden, in denen seit jeher viel Wein getrunken wird.

Meine früheste Erinnerung an Wein verdanke ich kurioserweise der Badischen Anilin- und Soda-Fabrik, kurz

BASF. Mein Vater hatte geschäftlich viel mit dem Chemiekonzern zu tun, in der Regel fuhr er zweimal in der Woche von Frankfurt nach Ludwigshafen, und dort, in der Kellerei der BASF, Anilinstraße 4, kaufte er seinen Wein. Ich fand die Adresse, die stolz auf den Etiketten prangte, seltsam, und lange Zeit rätselte ich, was es wohl zu bedeuten hatte, daß ein Unternehmen der chemischen Industrie auch Wein herstellte. Wie viele deutsche Großunternehmen besitzt die BASF eigene Weinberge mit vorzüglichen Lagen, vor allem in Franken und der Pfalz; die Flaschen sind für Mitarbeiter reserviert oder dienen als Präsente für Geschäftsfreunde. Jeden Monat brachte mein Vater zwei oder drei Kartons mit, meist einfache Schoppenweine, hin und wieder auch einige ausgesuchte Pfälzer Spätlesen.

Beim Auspacken der Kartons durfte ich manchmal helfen. Im Keller gab es ein breites und tiefes Holzregal, in dessen vier oder fünf Fächern den Winter über Äpfel gelagert wurden. Entweder kam dieser Brauch mit den Jahren von selber abhanden, oder mein Vater, der nie ein großer Freund von Obst gewesen ist, hat ein wenig nachgeholfen. Eines Tages jedenfalls lagen in den Fächern mehr Flaschen als Äpfel, und auch die Einweckgläser mit Kirschen und Pflaumen verschwanden allmählich. Nur die Kartoffelkiste unter dem Regal behauptete sich länger. Ich öffnete die Kartons und reichte meinem Vater, der auf den Kohlen stand und sich an der Kartoffelkiste festhielt, vorsichtig Flasche für Flasche. Dabei fragte ich ihn regelmäßig nach den geheimnisvollen Bouteillen, die im unteren Fach links unter Spinnweben und dickem Staub vor sich hin dämmerten.

Es waren etwa ein Dutzend 53er und 59er Pfälzer Auslesen, Jahrhundertjahrgänge, die damals schon einige Jahre auf dem Buckel hatten – der Stolz meines Vaters. Wann er sie denn öffnen werde, wollte ich jedesmal von ihm wissen, und jedesmal gab er mir zu verstehen, daß bis dahin noch viel Zeit vergehen würde.

Pfälzer Rieslinge waren für meinen Vater die besten. Die großen Namen aus Deidesheim, Wachenheim und Forst kannte er alle, und er traute sich zu, einen Ruppertsberger von einem Kallstadter zu unterscheiden. Daneben ließ er noch Hochheim gelten, weil er hier, vor allem in der Hölle, die gleiche Erdigkeit fand, die ihm die Pfälzer so schmackhaft machte. Auch andere deutsche Weine, aus Franken, aus Baden, vom Kaiserstuhl, trank mein Vater gern, aber ins Schwärmen geriet er darüber selten. Die Weine von der Mosel galten ihm als dünn, die trank die singende Verwandtschaft in Köln, der Rheingau war ihm zu säurebetont und meist auch zu teuer. Französische Rotweine entdeckte er erst spät, mit Hilfe des Pfarrers, der Ende der siebziger Jahre die Gemeinde übernahm.

Die ersten Jahre galt für mich die gleiche Wertordnung wie für meinen Vater. Ganz oben stand die Pfalz, am unteren Ende der Skala rangierten die Oppenheimer, die Lieblingsweine der Verwandtschaft meiner Mutter. Vor jedem Familienfest – und es war eine große Familie mit vielen Festen – verfiel mein Vater in Trübsinn, denn die Weine, die es am Tisch der angeheirateten Verwandten gab, waren für ihn ein Graus. Da mein Vater ein höflicher Mensch war, trank er die Brause und hatte am nächsten Morgen prompt einen Brummschädel. Fand das Fest bei uns statt, war mein Vater Tage vorher widerwillig damit beschäftigt, Oppenheimer aufzutreiben. Jedesmal versuchte er aufs neue, Pfälzer dagegenzusetzen und die »süßen« Onkel zum Besseren zu bekehren, aber es war vergebens. Jeder blieb bei dem, was er kannte, und ich lernte auf diese Weise früh zu unterscheiden. Noch immer habe ich meine Probleme mit den Gewächsen aus Rheinhessen, und wenn sie nicht gerade vom roten Hang in Nierstein stammen, rühre ich sie lieber nicht an.

Wieviel Kindheit schwingt dagegen mit, wenn ich heute einen Erbacher Marcobrunn trinke. Nicht daß ich als Kind geahnt hätte, was dort wächst – ein Junge achtete beim sonntäglichen Familienausflug schließlich nicht auf die Gegend, sondern zählte die Autos, die der Vater überholte. Später, als ich die Lage zum ersten Mal taxierte, fand ich das schmale flache Stück zwischen Bundesstraße und Eisenbahn alles andere als aufregend. Aber Kindheit ist ja mehr als das tatsächlich Erinnerte, und so fährt der dunkelgrüne Opel Rekord am Sonntag mitten durch den Marcobrunn, und ein kleiner Junge im Fond zählt all die herrlichen Weinstöcke, die vorüberfliegen.

Im Laufe der Jahre dehnte ich meine Erkundigungen aus, und so kam ich von der Pfalz über den Rheingau an Mosel, Saar und Ruwer, von dort wieder zurück in die Pfalz und am Ende an die Nahe. Jedes dieser vier führenden deutschen Weinbaugebiete bildet einen eigenen Kosmos, angereichert mit Erinnerungen. Der Wein ist

gleichsam die Lauge unserer Erinnerungen, und mit dem Duft aus einem guten Glas steigt immer auch ein Stück Vergangenheit auf. Deshalb kann man den Wein einer bestimmten Gegend, wenn man die charakteristischen Merkmale seiner Beschaffenheit einmal geschmeckt hat, meist ohne weiteres wiedererkennen. Von einer vorzüglichen Flasche aber weiß ich noch nach Jahren, mit wem ich sie in welcher Stimmung getrunken habe, und wenn ich dann eine gleiche oder ähnliche Flasche leere, kehrt manchmal Schluck für Schluck der gute Geist dieser Stunde zurück.

In der Erinnerung liegt zugleich auch das Leid eines passionierten Weintrinkers. Nichts ist für ihn schmerzlicher als eine große Flasche, die unwiderruflich leer ist und die die letzte im Keller war. Niemals wieder wird er diesem Geschmack begegnen, sein Leben lang wird er auf der Suche bleiben nach dem Einmaligen, denn selbst wenn er exakt die gleiche Flasche noch einmal tränke, sie würde ihm kaum mehr den gleichen Genuß bereiten. Es soll Sammler geben, die ihre Trophäen gar nicht erst entkorken. Solches Trockentrinken scheint mir allerdings weniger der Enthaltsamkeit und klugem Abwägen zwischen kurzer Lust und langer Pein geschuldet als vielmehr der Eitelkeit von Etikettensammlern. Menschen, die beim Anblick voller Flaschen Genugtuung empfinden, zählen jedenfalls nicht zu den Passionierten. Erst geköpft entfaltet die Flasche ihr Leben.

In diesem Paradox findet der leidenschaftliche Weinsammler sein vollkommenes irdisches Glück. Die Flaschen, die er oft mühsam und unter Verzicht auf manches andere erworben hat, wird er, wenn ihre Zeit gekommen ist, rücksichtslos und ohne Mitleid gegen sich selbst bis auf den letzten Tropfen leeren. Gibt es eine zweite Sammelleidenschaft, die ihr Ziel in der Zerstörung findet? Ein schönes Bild hängt an der Wand und erfreut das Auge seines Besitzers, die schnittige Yacht liegt im Hafen und erfreut überdies noch den Hafenmeister. Eine ausgetrunkene Flasche aber ist für immer futsch, sie steht bestenfalls als Staubfänger oben auf dem Küchenbord, nicht mehr als eine Erinnerung an ihre beste Stunde.

So lebt der wahre Weinfreund in einem fortwährenden Zwiespalt: trinken oder nicht trinken, und die Entscheidung, wann er eine Flasche öffnet, bereitet ihm meist viel Kopfzerbrechen. In einem guten Keller – 500 bis 1000 Flaschen, angelegt auf eine Trinkdauer zwischen drei und fünfundzwanzig Jahren – reduziert sich das Problem auf ein paar Einzelflaschen, der Rest ergibt sich aus der Logistik des Nachschubs. So weiß ich seit Jahren, welche Flaschen zur Jahrtausendwende dran glauben müssen, und es beruhigt mich, daß auch bereits für meinen 75. Geburtstag gesorgt ist. Ein Problem freilich habe ich noch nicht gelöst. Wenn ich noch selber alles austrinken will, werde ich eines Tages aufhören müssen, neue Kisten zu bunkern. Da ich jedoch nicht weiß, an welchem Tag ich das Glas für immer aus der Hand gebe, trinke ich meinen Vorräten lieber eifrig hinterher, als daß ich Gefahr laufe, im Alter auf dem Trockenen zu sitzen, vertraue im übrigen auf meinen Hausarzt und vermache den Rest meinen Erben.

Was Jahrgang und Trinkreife angeht, habe ich mich anfangs an den Tabellen orientiert, die sich in jedem Weinführer finden. Später habe ich für einzelne Regionen spezielle Formeln entwickelt, wobei viel Zahlenmystik und Aberglauben im Spiel war. So errechnete ich für klassifizierte Gewächse aus Bordeaux den Faktor 4, nämlich 8, 12, 16 und 20 Jahre als optimales Alter, ungerade Jahre waren strikt zu meiden. Im Burgund wiederum war ich von den ungeraden, den 7, 9 und 15 Jahre alten Premiers crus aus Nuits-St-Georges und Beaune besonders angetan. Eine Flasche gefiel mir um so besser, je älter sie war, und insbesondere deutsche Auslesen konnten gar nicht alt genug sein. Heute halte ich mich an die Devise meines Lieblingswinzers Hermann Dönnhoff: »Was mir schmeckt, mach' ich nieder.«

Abgesehen davon, daß Hermann Dönnhoff soviel trinken kann, wie er will – schließlich sind es seine eigenen Weine, die er niedermacht –, hat sein hedonistischer Zugriff vieles für sich. Ein Wein, der mir schmeckt, kann niemals besser werden. Er wird sich im Laufe der Zeit verändern, wird Säure und Gerbstoffe abbauen, Frucht und Süße deutlicher entfalten und in einem späteren Stadium ganz neue, vielleicht noch köstlichere Reize entwickeln, der Wein aber, der mir einmal geschmeckt hat, wird es dann nicht mehr sein. Warum also auf ein ungewisses Ende spekulieren, wenn eine dreijährige Spätlese rundum perfekt ist? Obwohl für große Weine, rote wie weiße, die Regel gilt, daß sie mit der vollen Reife ihren wahren Charakter erkennen lassen, ohne an Frische einzubüßen, können doch auch ein stürmisch im Glas rumorender Riesling oder ein fruchtiger junger Beaune viel Zauber und Charme verbreiten.

Da bin ich nun schon mitten im Thema und habe doch noch immer nicht erzählt, wie ich eigentlich zu meinen Weinen gekommen bin. Am Anfang eines guten Kellers steht meist ein guter Händler, und mit ihm soll unsere Geschichte beginnen.

Von Winzern und Händlern

Die Männlein sorgten um den Wein
Und schwefelten fein alle Fässer ein…
Und gossen und panschten
Und mengten und manschten
Und eh' der Küfer noch erwacht
War schon der Wein geschönt und fein
gemacht.

August Kopisch

Es soll Menschen geben, die der Frage, wo sie ihren Wein kaufen, mehr Aufmerksamkeit schenken als der Wahl ihres Bäckers oder Metzgers. Das hat seinen guten Grund. Anders als bei Brot und Rindfleisch weist ein Weinetikett zwar präzise den Inhalt aus, aber welche Flasche man am Ende nach Hause trägt, hängt doch stark vom Rat des Fachmanns ab. Auch ist der profane Appetit meist schon befriedigt, bevor ich die Wohnung verlasse: Ob Bratwurst oder Huhn, entscheide ich in der Regel beim Zusammenstellen des Einkaufszettels. Schließlich muß man ja irgendwas essen. Wenn dann die Grundversorgung der nächsten Tage gesichert ist, ziehe ich einen Strich, schreibe Wein und mache ein großes Ausrufungszeichen. Nicht nur, weil das die aufregendste Position meiner Liste ist, sondern auch, weil ich für den Kauf meist viel Zeit benötige – und mindestens genausoviel Geld wie für den Rest der Einkaufsstrecke.

Mein Weinhändler heißt Schmitt, und für mich ist er der beste Weinhändler der Welt. Im privaten Kreis und in meinen Kellernotizen nenne ich ihn vertraulich André – obwohl er korrekt Adrien und sein Laden »La Vinothèque du Sommelier« heißt. Ich würde ihn niemals plump mit seinem Vornamen ansprechen, denn mein Verhältnis zu André ist alles andere als kumpelhaft, es ist geprägt von Respekt, und nie würde ich mich erdreisten, ihm in Sachen Wein zu widersprechen. Das Erstaunliche ist, daß er mir auch nicht widerspricht. Während wir uns gemeinsam von Urteil zu Urteil tasten, spüre ich kaum merkbar, wie er mich leitet, und da er inzwischen alle Unwägbarkeiten meiner hypernervösen Zunge kennt, kommen wir am Ende zu einem gemeinsamen Kaufentschluß.

André ist, wie sich denken läßt, Franzose, genauer gesagt, Elsässer, aber er hat weder ein großes Faß vor seine Tür gestellt, noch trägt er eine Lederschürze. Auch fehlen ihm die rosigen Bäckchen aus französischen Kinderbüchern. Die Deutschen lieben solche Bilderbuchkerle, seit sie nach Frankreich in die Ferien fahren, und sie kaufen in sogenannten Caves gern ihren »Vin de Pays«. Vorzugsweise in Pfandflaschen. Auch ein bißchen unordentlich und schummrig darf es im Laden sein – das gehört doch einfach dazu –, und wenn der Maître dann noch importierten Käse anschneidet, ist das deutsche Samstagvormittagsglück im siebten Himmel. Mit den meisten französischen Weinhändlern verhält es sich ähnlich wie mit den Pizzabäckern aus Italien: Wir suchen sie auf, weil sie die Lücke zwischen unseren Ferien füllen.

31

Die Vinothèque liegt im Hinblick auf meine täglichen Besorgungen an einer strategisch günstigen Stelle. Sind alle Einkäufe getätigt, steige ich die vier Stufen zu Andrés Laden hinauf, stelle meine Tüten ab und bin im Olymp. André kommt meist aus den hinteren Räumen, wir geben uns die Hand und klagen uns erst einmal gegenseitig unser Leid. Die Geschäfte könnten besser gehen, die Mieten sind einfach zu hoch. Da André zwei Drittel seines Umsatzes mit raren Spitzenweinen aus Bordeaux und Burgund macht, die er per Telefon und Fax quer durch Deutschland verkauft, könnte er das Ladengeschäft eigentlich aufgeben. Offen gestanden glaube ich, daß er den Laden nur noch ein paar Stammkunden zuliebe hält. Während er am Telefon eine Sechser-Kiste La Turque verkauft – um eine einzige Flasche dieses mehrere hundert Mark teuren Kultweins bei Guigal zu erwerben, muß ein Händler, wenn seine Bitte überhaupt erhört werden soll, in der Regel mindestens 120 Flaschen des einfachen Côtes du Rhône dazu nehmen –, schaue ich mich im Laden um. Da André alle paar Tage Lieferungen erhält und liebevoll neue Arrangements trifft, gibt es meist etwas zu entdecken.

Mein Verhältnis zu André ist nicht zuletzt dadurch bestimmt, daß wir, wenn ich so sagen darf, etwa gleichzeitig an den Start gingen. Als er vor zehn Jahren seinen Laden eröffnete, fing ich gerade damit an, mich für französische Weine zu interessieren. Ich bin sicher, daß mir ohne Andrés Gründung der Zugang noch lange verschlossen geblieben wäre, und nirgendwo sonst hätte ich in so kurzer Zeit so viel über den französischen Wein gelernt. André muß über besondere pädagogische Fähigkeiten verfügen, sonst wäre es ihm wohl kaum gelungen, einige meiner problematischen Charakterzüge allmählich umzubilden. Anfangs trank ich nämlich nur, was ich kannte, und bei zwanzig Mark war Schluß. Einerseits paßte André mit feinem Gespür jeweils den richtigen Moment ab, in dem er mich eine Stufe höher führen konnte, andererseits kehrte er immer wieder zur Basis zurück. Die Beständigkeit entspricht meinem Naturell, und so kommen wir seit zehn Jahren gut miteinander aus.

André hat es verstanden, meine bäurische Geschmackspalette um ein Vielfaches zu erweitern und gleichzeitig meinen Finanzpegel behutsam nach oben zu schieben. Als er seinen Laden eröffnete, kaufte ich eine Flasche St-Emilion, die auf DM 20.- heruntergesetzt war, vor ein paar Wochen landete ich mit einer Flasche Échézaux von der Domaine de la Romanée-Conti beim Zehnfachen. Da mein Einkommen in diesen zehn Jahren auch nicht annähernd um den gleichen Faktor gestiegen ist und zudem der Preis für große Gewächse aus dem Bordelais heute um etwa das Drei- bis Vierfache höher liegt, dürfte ich aus Gründen der Selbsterhaltung Andrés Laden eigentlich gar nicht mehr betreten. Aber die Wahl des Weins ist glücklicherweise nicht nur eine Frage des Budgets, und André wäre der letzte, der den Geschmack eines Kunden für um so exquisiter hält, je mehr er für eine Flasche auf den Tisch legt.

Oft verhält es sich auch umgekehrt. Neulich betrat ein distinguiert wirkender, mit französischem Akzent spre-

chender Herr den Laden. Unter dem Arm trug er eine stattliche Liste, in die offensichtlich alles eingetragen war, was er je über französische Weine gelesen hatte. Er ließ sich Flasche für Flasche zeigen und tat, als wollte er gleich sämtliche Vorräte aufkaufen. Aber jedesmal entdeckte er in seinen Aufzeichnungen irgendeinen Grund, der ihn nörgeln ließ. »Nein«, sagte er, »81 ist kein gutes Jahr für Bordeaux, muß außerdem schon ausgetrunken sein.« – »Das stimmt«, entgegnete André, »aber der 81er Lafite ist in jeder Hinsicht ein Ausnahmewein.« Er hätte sich dusselig reden können, der Kunde hatte schließlich seine Liste. André war froh, als er ging. Den 81er Lafite hätte er ihm ohnehin nicht verkauft.

André würde es niemals übers Herz bringen, mir einen Wein zu empfehlen, der vor ihm nicht bestanden hat. Wenn er doch einmal ein paar Kisten loswerden muß, die er vorschnell geordert hat, findet er schon die geeignete Kundschaft dafür. In diesem Punkt sind wir uns einig. Da er mit anderen treuen Kunden stillschweigend ähnliche Abkommen getroffen haben dürfte, hat jeder das Gefühl, die besten Flaschen seien für ihn reserviert, ja eigentlich sei der ganze Laden nur für ihn da. Untereinander beobachten sich die Kunden um so genauer, etwa wie Jäger, die auf das gleiche Tier anlegen. Es ist nämlich ein Irrtum, zu glauben, daß es genug guten Wein für alle gibt. Handelt es sich bei dem andern nicht um einen Ignoranten, der in diesen heiligen Hallen nun wirklich nichts verloren hat, dann steht man neben einem potentiell gefährlichen Konkurrenten. Es gibt nun einmal nicht genügend gute Weine für alle. Deshalb betrete ich den Laden am liebsten, wenn es danach aussieht, daß André und ich unter uns bleiben.

Was wir uns zu sagen haben, ist auch nicht für fremde Ohren bestimmt. Bei André wird grundsätzlich leise gesprochen, und das nicht nur wegen der Preise. Vielleicht läßt sich ein gutes Weingeschäft am ehesten mit einer Maßschneiderei vergleichen, wo ein breites Angebot im richtigen Verhältnis zur individuellen Betreuung zu stehen hat. Und so wie man mit seinem Schneider den Schritt der Hose ungern in Gesellschaft Dritter bespricht, so hat man auch im Weinladen gewisse Hemmungen, sich vor Unberufenen über Fragen von so weitreichender Bedeutung zu verbreiten. Nicht daß ich mich für das, was ich trinke, schäme, aber wenn ich tastend nach den rechten Worten für meine Genüsse vom letzten Wochenende suche, brauche ich kein Auditorium, das immer schon einen noch viel besseren Wein getrunken hat.

André kam in den frühen achtziger Jahren nach Berlin und leitete drei Jahre lang die Weinabteilung des KaDeWe. Er kann sich da nicht besonders wohl gefühlt haben, und wenn die Touristengruppen aus Westdeutschland, für die ein Besuch der sechsten Etage zu den Attraktionen des Berlin-Programms zählte, durch die Gänge schlurften und sich über die Preise mokierten, hat er manchmal vielleicht sogar darunter gelitten. Der KaDeWe-Weinwucher ist für mich der Inbegriff dessen, was den wahren Weinfreund schreckt. Es lohnte sich nicht, darauf einzugehen, fände sich hier nicht

genau jenes Ideal verkörpert, das leider auch vielen Weinboutiquen im Lande vorschwebt. Das erste Gebot heißt Luxus. Sein Hauch weht dezent durch die Wein- und Spirituosenabteilung des KaDeWe. In raffiniert ausgeleuchteten Edelholzimitat-Regalen spiegelt sich sanft das dunkle Rot der Weine, eine Batterie kostbarer alter Sauternes funkelt wie Bernstein. Die Preisschildchen, diskret, aber gut sichtbar angebracht, heischen Respekt. Wer das Innerste, den gläsernen Kühlraum, betreten darf, demonstriert, daß er am Ende der Gehaltsskala angelangt ist.

Für passionierte Suffköppe ist das Studium der so aufwendig drapierten Flaschen eine Quelle der Heiterkeit. Das Sortiment prunkt zwar mit allem, was schick und teuer ist, aber oft liegt die Wahrheit genau daneben. Bei einer Renommierlage aus Burgund haben wir es dann mit dem falschen Winzer, bei den Bordeaux-Weinen mit dem falschen Jahrgang, bei den Italienern mit der falschen Abfüllung zu tun. Bei dieser Konfusion sind offenbar auch die Preise aus dem Würfelbecher gefallen. Wenn wirklich alles stimmt, stimmt allerdings auch der Preis, er liegt dann exakt beim Doppelten von dem, was die Flasche eigentlich kosten dürfte. Aber was macht das schon angesichts einer Kundschaft, die am Samstagmittag kurz vorbeischaut, »ciao«, die Runde zu einer 70er Latour Magnum einlädt und anschließend eine Kiste vom gleichen unter den Arm klemmt – gesehen werden will man schon.

Etwas kleiner, aber mindestens ebenso fein wie das KaDeWe ist Fortnum & Mason in London. Anfang der

achtziger Jahre haben die Angestellten der Weinabteilung die Vergeudung ihrer Perlen nicht länger mit
ansehen wollen und nach Feierabend die eine und
andere Rarität selbst getrunken. Anschließend füllten
sie einen einfachen Wein in die geleerten Flaschen,
deren Korken und Kapseln sie mit Hilfe eines kom-
plizierten Verfahrens wieder so schließen konnten, daß
keine Spuren blieben. Offenbar hat es recht lange
gedauert, bis einem Kunden Zweifel kamen und er bei
der Geschäftsleitung vorstellig wurde.

Mit noblen Weingeschäften, zumal wenn sie in Kombi-
nation mit einem Delikatessenladen geführt werden,
geht es mir ähnlich wie mit jenen Antiquariaten, in
denen die schönen alten Lederbände, ordentlich nach
Größe und Farbe sortiert, so jungfernhaft auf den Regalen stehen, als wollten sie nie in die Hand genommen
werden. Wie soll man in solchen Läden jemals eine
Entdeckung machen? Daß Château Rol-Valentin zum
Beispiel, das 1994 seinen ersten Wein gekeltert hat und
von André drei Jahre später für DM 150,– gehandelt
wurde, möglicherweise der neue Stern von St-Emilion
werden könnte, dürfte sich bis zur Jahrtausendwende
auch im KaDeWe herumgesprochen haben. Bei André
wird der Wein dann wohl ausverkauft sein, das KaDeWe
wird ihn stolz und zu einem Vielfachen als Millenium-
wein präsentieren.

In den ersten Jahren hatte André einen Teilhaber, einen
smarten Zahnarzt. Dieser Teilhaber, der besser ein stil-
ler Teilhaber geblieben wäre, hat mein Verhältnis zu

André vorübergehend stark strapaziert, und wann immer der Kompagnon zu sehen war, ging ich am Laden vorbei. Zum Glück stand er meistens in seiner Praxis. Er hat jenen kapitalen Fehler gemacht, den kein Weinfreund verzeihen kann, der jedoch in vielen Weingeschäften die Regel ist, er hat mir nämlich grundsätzlich etwas anderes empfehlen wollen als das, wonach mir der Sinn stand. Statt meine jeweilige Begeisterung zu teilen, schwärmte er immer von dem, was er zuletzt getrunken hatte, mit Vorliebe von Weinen, die ich mir ohnehin nicht leisten konnte. Im günstigsten Fall quittierte er meine Entscheidung mit Nachsicht. Bei den Preisen kannte er freilich kein Pardon. Wenn ich ihm sagte, daß ich bei André zuletzt aber nur soundsoviel für die Kiste bezahlt hätte, meinte er, das sei eben auch schon länger her. Das eigentlich Schlimme aber war, daß er keine Ahnung hatte und nur der Rolex-Kundschaft nach dem Munde redete.

Andrés Leidenschaft gehört den Weinen aus dem Bordelais und dem Burgund, außerdem schwärmt er für große deutsche Rieslinge, vorzugsweise Trockenbeerenauslesen. Es sind – wie der Leser eingangs bei der Führung durch meinen Keller festgestellt haben wird – die gleichen Weine, die auch ich liebe. Die Italiener waren bei ihm immer spärlich vertreten, dem Trend folgend führt er neuerdings mehr Spanier, und dann gibt es noch ein paar Fächer mit Diversem. Die kapitalen Franzosen einschließlich der Champagner nehmen die rechte Hälfte des Ladens ein, alles übrige liegt links.

Einen großen Teil meiner französischen Weine habe ich bei Importeuren wie Alpina oder Keiler/Mövenpick gekauft, die deutschen in der Regel direkt ab Gut. André gegenüber habe ich das nie geleugnet. Zwar sind seine Preise, insbesondere für Raritäten und bei Subskriptionen, höchst moderat, aber den Sonderofferten von Großhändlern und den Winzerpreisen ist er meist nicht gewachsen. Als die großen Bordeaux noch bezahlbar waren, habe ich mir vorübergehend einen Sport daraus gemacht, Versandlisten zu vergleichen, und schaffte mir sogar das »Jahrbuch Bordeaux« an, das sämtliche Bezugsquellen mit Preisangabe nannte. Aber nicht Zahlenkolonnen und staubigen Listen verdanke ich das, was ich heute in meinem Keller habe, sondern Adrien Schmitt, der es als erster schaffte, mein vollkommenes Vertrauen in allen Fragen des Weins zu gewinnen.

Meine Begeisterung für Andrés Vinothèque ging so weit, daß ich davon träumte, eines Tages einen eigenen Weinladen zu eröffnen. Dann aber habe ich mich doch dafür entschieden, gleich Winzer zu werden. Winzer ist der Traumberuf sentimentaler Großstädter mit intellektueller Neigung. Man kauft ein Stück brachliegendes Land, verschafft sich ein paar alte Stöcke, pfropft ein bißchen herum, läßt die Trauben prüfend durch die Finger gleiten und verbringt den Rest des Tages auf einer schattigen Terrasse. Das Problem fängt damit an, daß von der Natur leider nichts so eingerichtet wurde, wie es der Behaglichkeit der Städter entspricht, und daß man sehr früh aufstehen muß.

Wo kauft man eigentlich einen Weinberg? Beim Makler? Und in welcher Gegend soll man sich mit seinen Trauben am besten niederlassen? Nach vielen Reisen durch verschiedene Weinbaugebiete Europas habe ich am Ende die Nahe für mich auserkoren, genauer gesagt, den kleinen Ort Oberhausen, zehn Kilometer vor Bad Kreuznach. Die Idylle ist perfekt. Kommt man von Norden, aus Richtung Schloßböckelheim, steht man oben auf dem Hermannsberg – neben dem Scharzhofberg und dem Doctorberg der wohl eindrucksvollste Weinberg Deutschlands – und schaut über die alte Steinbrücke hinüber nach Oberhausen. Beim Hinunterfahren passiert man das Anwesen der Staatlichen Weinbaudomäne, die hier, auf dem Gelände einer ehemaligen Kupfermine, bis in die frühen achtziger Jahre den Ton angab und 1998 zum Verkauf stand. Nähert man sich Oberhausen von Süden, passiert man einen Kamm und hat mit einem Mal die gesamte Pracht des Hermannsberges vor sich, der leuchtet, als wolle die Sonne in ihm untergehen.

Ein blasses Image, schlechte Infrastruktur und der Mangel an touristischen Attraktivitäten haben dazu geführt, daß die Landschaft an der Nahe weitgehend intakt geblieben ist; hier hat sich in den letzten 25 Jahren nicht viel verändert. Keine Drosselgasse, keine Kegelclubs, kein Kanzlerkonvoi. Wohl auch deshalb zählt die Nahe glücklicherweise noch immer zu den unterbewerteten Weinbaugebieten. Gemessen an dem, was sie hervorbringt, rangiert sie auf einer Stufe mit Mosel-Saar-Ruwer und Pfalz, gemessen an den Preisen, liegt sie deutlich darunter. Ein Grund dafür mag darin zu suchen sein, daß es den örtlichen Winzern erst 1938 gelang, die Gebietsbezeichnung Nahe durchzusetzen. Generationenlang wurden die Naheweine nach Bingen oder Bacharach verkauft und gingen von dort als Rheinwein hinaus in alle Welt.

Die Spitzen der oberen Nahe sind am ehesten mit den Weinen von der Mittelmosel zu vergleichen, ihr Säurespiel ist ähnlich raffiniert, ihre Lagerfähigkeit legendär. Insgesamt vielleicht einen Deut weniger elegant, dafür aber voller als ein Mosel, erinnert mich ihre Saftigkeit zugleich ein wenig an die nahe gelegene Pfalz. Vor allem bestechen große Naheweine jedoch durch ihre lebhafte, mineralische Frucht, ihre Rasse und Komplexität. Kurz: In den Naheweinen kommen viele der besten Eigenschaften des Rieslings zusammen, und wenn es so etwas gäbe wie die Summe des deutschen Weins, dann würde ich sie auf den sechs Kilometern zwischen Kupfergrube und Traiser Bastei vermuten.

Wenn ich vom deutschen Wein rede, meine ich hier wie in den übrigen Kapiteln Riesling, und wenn ich Riesling sage, denke ich grundsätzlich an restsüße, höchstens halbtrockene Weine. Die Ergebnisse, die mit diesen Weinen während der letzten zehn Jahre an Mosel und Nahe sowie in der Pfalz erzielt wurden, sind beachtlich; seit 1988 gab es keinen einzigen wirklich schlechten Jahrgang, statt dessen viele überdurchschnittlich gute sowie die Ausnahmeweine von 1990 (an der Mosel zudem 1994). Zugegeben, man findet in Deutschland herrliche Weißburgunder, vor allem in Baden und der Pfalz, auch den einen oder anderen Silvaner oder Grau-

burgunder habe ich bei Gelegenheit gern getrunken, und für eine Rieslaner Auslese von Müller-Catoir lasse ich manche andere Flasche stehen. Aber keine der vielen in Deutschland kultivierten Züchtungen und Kreuzungen erreicht auch nur annähernd Rasse und Reichtum eines gutgemachten Rieslings. »Ja, auf den Riesling sind wir richtig stolz«, schreibt das Deutsche Weininstitut in Mainz und gibt uns gleich ein anatomisches Rätsel auf: »Er belohnt uns mit einer patriotischen Ader.«

Nun ist das mit dem Patriotismus des Rieslings so eine Sache – ich habe diesem Phänomen ein eigenes kleines Kapitel gewidmet –, und bevor man ins Schwärmen gerät, sollten die Begriffe klar sein. Der Gesetzgeber sagt, ein trockener Wein dürfe maximal 9 Gramm unvergorenen Zucker enthalten, bis 18 Gramm gilt ein Wein als halbtrocken, alles, was darüber liegt, ist restsüß oder, wie es manchmal auch heißt, lieblich. Was so einfach scheint, ist die Ursache vieler Mißverständnisse, denn nicht der Restzuckergehalt bestimmt den Charakter eines Weins, sondern das Verhältnis von Zucker, Alkohol und Säure. Der während der Lese gemessene Gesamtzuckergehalt, das Mostgewicht, das den Reifegrad der Trauben angibt (gemessen in Öchsle), entspricht dem potentiellen Gesamtalkoholgehalt. Bei der Vergärung wird der Zucker mit Hilfe von natürlichen oder Zuchthefen in Alkohol umgewandelt, möglichst behutsam, um Aromen und natürliche Kohlensäure zu erhalten. Je mehr Zucker abgebaut wird, desto höher steigt der Alkoholgehalt, und die entscheidende Frage lautet, zu welchem Zeitpunkt der Kellermeister den Gärungsprozeß stoppt. Das ist von Keller zu Keller, von Faß zu Faß verschieden und hängt entscheidend davon ab, wie das Verhältnis von Mostgewicht zu Säuregehalt ist. Die offiziellen Qualitätsstufen – Kabinett, Spätlese, Auslese, Beerenauslese, Trockenbeerenauslese – richten sich nach den Öchslegraden des Mostgewichts, aber die Struktur eines Weins, das Gerüst, das ihn einige Jahre tragen muß und am Ende auch über sein Alter entscheidet, wird von der Säure bestimmt. Sie sorgt überdies für jene würzige, teils filigrane, teils mineralische Note, die dem deutschen Riesling seine Unverwechselbarkeit verleiht.

Nimmt man nun noch die charakteristischen Merkmale der einzelnen Anbaugebiete und Lagen hinzu, dürfte aus dem Gesagten deutlich werden, daß weder die Klassifizierung trocken oder halbtrocken noch die Qualitätsstufe an sich eine hinreichende Gewähr dafür bieten, daß der Wein, den man aus dem Regal nimmt, zu Hause auch schmeckt. Viele Weine der oberen Qualitätsstufen sind einfach nur süß und lahm wie Limonade, während ein restsüß ausgebauter junger Wein von der Saar mitunter trockener schmeckt als eine drei Jahre alte trockene Pfälzer Spätlese (zum Beispiel Forster Ungeheuer von Georg Mosbacher). Eine trockene Auslese freilich ist in meinen Augen ein Widerspruch in sich, denn wozu hat die Natur soviel Zucker in die Traube gepreßt, wenn ihr der Kellermeister anschließend allen Zucker wieder austreibt, nur um den Wein alkoholmächtig zu machen? Der hohe natürliche Zuckergehalt im Auslesebereich verlangt nach sorgfältiger Balance im Zusammenspiel mit Frucht und Säure,

und wo dieses Gleichgewicht erreicht wird, an Mosel und Nahe oft schon bei nur acht oder neun Alkoholprozent, nähert sich der deutsche Wein seiner Vollendung.

Ich trinke die Flaschen weg wie nichts, am liebsten würde ich ins Glas hineinkriechen, aber ich brauchte Jahre, um dahinterzukommen, was ihr Geheimnis ist. Ein Wein wird um so besser, heißt es, je weniger er im Keller bewegt und bearbeitet wird. Jedenfalls ist, anders als bei französischen Rotweinen, bei den empfindlichen deutschen Rieslingen die nachträgliche technische Einflußnahme (Vinifizierung) stark eingeschränkt; was im Weinberg nichts wurde, wird im Keller erst recht nichts. Was aber passiert das Jahr über in den Rebzeilen? An welchem Tag muß der Winzer welche Maßnahmen ergreifen? Und wie hängt das alles mit dem Wetter zusammen? Lauter Fragezeichen für mich. Erstens war ich in Biologie und Chemie immer schlecht, und zweitens glaube ich, daß die noch so genaue Kenntnis aller Faktoren, die einen gelungenen Wein ausmachen, am Ende doch nicht genügen würde, die Inspiration des Winzers zu erklären.

Viele Winzer betrachten ihren Beruf als ein Handwerk, erlernbar wie jedes andere. Dennoch besteht ein wesentlicher Unterschied etwa zum Tischler oder Klempnermeister. Der gute Winzer ist ein Landmann in der alten Bedeutung des Wortes, er geht durch die Fluren, prüft, wägt ab und ist in ständiger Sorge. Ein paar frostige Nächte im April, eine späte Blüte, ein kühler nasser Sommer, ein verregneter September, und schon kann die Arbeit eines ganzen Jahres vergeblich gewesen sein (1997 waren an der Nahe bis zu 80 Prozent Ernteausfälle wegen Aprilfrost zu beklagen). Jeder einzelne Rebstock ist der Natur gleichsam abgetrotzt. Wer sich da nicht auf seine Witterung verlassen kann, auf das unmerkliche Kribbeln im Nasenflügel, wird kaum auf einen wirklichen Sieg hoffen dürfen. Es ist ein herrliches Gefühl, ein Stück Scholle in der Hand zu zerreiben, aber was hilft es mir, wenn ich daraus keine Rückschlüsse auf den Zustand der Wurzeln ziehen kann?

Aus diesem Grund, weil mir die Natur als solche wohl auf immer verschlossen bleiben wird, habe ich meinen Traum, eines Tages Winzer an der Nahe zu werden, klugerweise aufgegeben. Seither fahre ich nach Oberhausen nur noch zum Weinkauf – aus purem Hedonismus also –, setze mich in die Stube zu Hermann Dönnhoff und frage mich, ob er den Vergleich mit einem tüchtigen Klempner ernsthaft gelten lassen würde.

Stuart Pigott hat in seinem 1994 erschienenen Standardwerk ›Die großen deutschen Rieslingweine‹ Hermann Dönnhoff unter die zehn deutschen Winzer gezählt, in deren Hand »die Zukunft der deutschen Weinkultur« liege. Der 600 Seiten starke Band des in Berlin lebenden Engländers enthält präzise Beschreibungen der hundert führenden Weingüter und ihrer Toplagen samt Einzelwertungen, und hätte der Autor nicht sämtlichen Funktionären des deutschen Weins das Fell über die Ohren gezogen, wäre sein Werk sicher längst als Rieslingbibel etabliert. Weil das deutsche

Weingesetz von 1971 die Verwechslung von Bereichen, Großlagen und Einzellagen bewußt in Kauf genommen und keine Klassifizierung der Einzellagen vorgesehen hat, ist das deutsche Etikett für Laien wenig hilfreich. So sind, um ein Beispiel zu geben, die Weine aus der Großlage Piesporter Michelsberg zum großen Teil für den Export bestimmte Massenweine, die meist aus umliegenden, weniger begünstigten Gemeinden stammen und weder als Qualitätswein noch als Auslese empfehlenswert sein dürften. Die extreme Steillage Piesporter Goldtröpfchen dagegen vermag absolute Spitzenweine hervorzubringen, vorausgesetzt, man hat den richtigen Winzer erwischt.

Das deutsche Etikett sucht der Vielseitigkeit der Weine unseres Landes gerecht zu werden. Aber auch wer die Grammatik des Etiketts beherrscht und die Trauben, die Lagen, die Qualitätsstufen, die Jahrgänge sowie das Kleingedruckte im Schlaf herunterbeten kann, hat noch immer keine Gewähr für die Qualität. Alle Initiativen, dem gesetzlichen Mißstand nachträglich abzuhelfen, sind gescheitert, und auch die neueste Verzweiflungstat »Erstes Gewächs« dürfte sich langfristig kaum etablieren lassen. Und die sogenannten Faschingsschleifen, die Kammerpreismünzen und DLG-Auszeichnungen in Bronze, Silber und Gold, kommen als Gütesiegel schon gar nicht in Betracht. Nein, die Qualität hängt einzig und allein vom persönlichen Einsatz derjenigen ab, die über die notwendigen Voraussetzungen, sprich exzellente Lagen, verfügen. Gute Lage plus guter Winzer gibt guten Wein. Man spricht von etwa 5 Prozent hochambitionierten Erzeugern – verteilt über alle deutschen

Weinbaugebiete wohlgemerkt –, und diese ausfindig zu machen lohnt jede Mühe.

Hermann Dönnhoff besitzt zwei Traumlagen, die Oberhäuser Brücke, deren 1,1 Hektar ihm ganz allein gehören, und die Niederhäuser Hermannshöhle, die höchstbewertete Einzellage der Nahe, wo ihm 1,3 Hektar zur Verfügung stehen. »Sollte ich deutsche Lagen nennen, die die Bezeichnung eines ›Riesling Grand Cru‹ verdienen«, schwärmt Pigott, »so fiele mir spontan die Hermannshöhle mit ihren schier unerschöpflichen Kapazitäten ein.« Mir persönlich sind die edelsüßen Spätlesen aus beiden Lagen die liebsten von allen, und Jahr für Jahr liefern sie sich ein faszinierendes Kopf-an-Kopf-Rennen, bei dem die Brücke meist mit etwas mehr Frucht, die Hermannshöhle mit feiner Eleganz brilliert. Gemeinsam aber ist beiden die mineralische Intensität, die sich der Grauschieferverwitterung des Bodens verdankt und einen Nuancenreichtum entfaltet, der seinesgleichen sucht. Nicht zuletzt zeichnen sich Dönnhoffs Weine durch ihren lang anhaltenden Abgang und ein enormes Alterungspotential aus. Pigott zählt sie mit Recht »zu den größten Weinen, die derzeit in Deutschland erzeugt werden«.

Dönnhoff gehört zu jenen sympathischen Menschen, die nicht viel Aufhebens von sich machen. Zu den meisten Themen äußert er sich zurückhaltend, aber wenn das Gespräch auf seine Weine kommt, gehen ihm die Augen über, und ihr Leuchten sagt mehr als viele Worte. Er öffnet die erste Flasche, kostet vor und schenkt dem Besucher ein. Dann wartet er. Der Besucher versucht

seinen ersten Geschmackseindruck zu artikulieren. Dönnhoff brummt oder nickt, sagt ein paar Worte, öffnet die nächste Flasche, kostet vor, schenkt ein, wartet, trinkt selbst. Jede Lage erfordert neue Konzentration, vor allem die Kupfergrube, an der Dönnhoff 1995 ein gutes Stück erwarb, verspricht für die Zukunft einiges. Bei der Oberhäuser Brücke Spätlese, die Dönnhoff grundsätzlich vor der Niederhäuser Hermannshöhle auszuschenken scheint, kann der Besucher seine Verzückung nicht mehr verbergen, der Funke springt über, und wenn etwas später die beiden Auslesen auf dem Tisch stehen, geht es hin und her. Dönnhoff schlürft den Wein nur so weg, und dabei spiegelt sich in seinen Augen der stille Stolz eines Mannes, der weiß, daß ihm die Stücke gelungen sind, daß sich die Arbeit gelohnt hat.

Die Weinprobe bei Hermann Dönnhoff ist so unorthodox wie der ganze Mann. Das letzte Mal hat er nach der Beerenauslese noch seinen Weißburgunder Kabinett und seinen Schoppenwein serviert. Als ich fragte, ob das nicht schade sei, meinte er, die müßten das vertragen, schließlich kämen sie alle aus dem gleichen Keller. Und in der Tat: Weil er den individuellen Charakter seiner Weine so typisch wie möglich ausbaut, geben sie ihre jeweilige Stufe perfekt wieder und sind doch zugleich von einem einheitlichen Stil geprägt. Deshalb bereitet bei Dönnhoff selbst der Rückwärtsgang keine Enttäuschung.

Den Kofferraum voller Kartons und leicht beschwingt geht es in halbstündiger Fahrt hinüber nach Guldental zum Abendessen in den Kaiserhof. Wir überqueren die Oberhäuser Brücke, biegen bei der Hermannshöhle rechts ab und kommen vorbei an all den anderen herrlichen Lagen, Pfingstweide, Kafels, Dellchen und Kirschheck. Kurz hinter Traisen fällt uns ein, daß wir wieder nicht bei Crusius gewesen sind, der doch ebenfalls ganz vorzügliche Weine macht, und daß wir auch längst die beiden anderen hätten besuchen sollen, Emrich-Schönleber in Monzingen und Hehner-Kiltz in Waldböckelheim. Zumal wenn man die Preise bedenkt. Bei guten Winzern an der Nahe kostet eine anständige Spätlese zwischen DM 10,– und DM 15,–, eine Auslese im Schnitt 5 Mark mehr. Bei Dönnhoff haben wir für die Spätlesen zuletzt rund DM 20,– gezahlt; die Auslesen beginnen bei DM 30,–. Dieser Preisunterschied bezeichnet in etwa den Klassenunterschied zwischen gut und herausragend, zwischen perfekt und genial, und ich fürchte, daß er sich in den nächsten Jahren deutlich vergrößern wird. Bewunderer von Hermann Dönnhoff gibt es genug.

Reise in die mittäglichen Provinzen

Geh aber nun und grüße
Die schöne Garonne
Und die Gärten von Bourdeaux
Hölderlin

Frankreich ist die Weinnation schlechthin. Seit das Land 1995 den ewigen Spitzenreiter Italien ablöste, ist es überdies der größte Weinproduzent der Welt. Die Vielfalt der Trauben und die Breite des Angebots – vom einfachen Landwein bis zu den Kultweinen der jeweiligen Saison – lassen das Land zur eigentlichen Heimat jedes Weinfreunds werden. Nicht daß Italien oder Spanien, Kalifornien oder Australien von vornherein chancenlos wären; auch in diesen Ländern gibt es vorzügliche Weine, die mitunter einen vergleichbaren Franzosen ausstechen, aber am Ende fehlt es ihnen an Kontinuität und Charakter. Ich will das an einem Beispiel erläutern.

Mitte der achtziger Jahre kamen die sogenannten Tafelweine aus der Toskana in Mode, Cuvées jenseits der Appellationen, deren lapidare Bezeichnung als »Vino da tavola« in scharfem Gegensatz stand zu den Preisen, die diese Weine vor allem in Deutschland erzielten. Flaccianello, Tignanello, Ornellaia, Sassicaia, Solaia: Das spricht sich gefällig, und wer auf sich hielt, schwor auf diese Kreationen nach Art des Bordeaux. Manche sahen bereits das Ende des Originals gekommen. Die Italiener wollten jedoch vor allem Geld verdienen, und Anfang der neunziger Jahre, als die Preise in schwindelerregende Höhe kletterten, machte sich der eine und andere Qualitätsausfall bemerkbar. In einer im Januar 1998 publizierten Liste der hundert besten Weine ist neben spärlichen drei Barolos nur noch ein einziger Wein aus der Toskana vertreten. Ich gebe zu, daß ich die Weine anfangs gern getrunken habe, vor allem, wenn ich sie mir aus einem der wunderbaren kleinen Weingeschäfte in Rom mitgebracht hatte, wo sie im Schnitt ein Drittel dessen kosteten, was die Toskanafraktion hierzulande dafür zu zahlen bereit war. Die Weine waren fruchtig, elegant und schmeichelten dem Gaumen. Auf Dauer gereichte ihnen das jedoch nicht zum Vorteil, und von einem bestimmten Tag an erschienen sie mir eindimensional.

Man kann die Probe aufs Exempel jederzeit wiederholen, ohne allzuviel investieren zu müssen. Man kauft ein paar Flaschen guten Chianti DOCG (sehr zu empfehlen Castellare di Castellina oder Querciabella) und ein paar Flaschen aus dem Médoc in der gleichen Preisklasse zwischen DM 20,– und DM 25,–. Der Chianti wird auf Anhieb besser schmecken und außerdem wird er viel besser zum Essen passen, schließlich ernähren wir uns à la mode auf Spaghettibasis. In der nächsten oder übernächsten Runde ein paar Tage später freilich wird einem der Médoc, vorausgesetzt, er ist nicht zu jung, gar nicht mehr so hart und alkoholreich vorkommen, während der Chianti von seinem jugendlichen Charme und

seiner Duftigkeit manches eingebüßt haben dürfte. Man darf sich vom ersten Eindruck nicht blenden lassen. Kontinuität ist ein entscheidendes Qualitätsmerkmal. Mit jedem Schluck sollte der Wein besser werden, mit jeder neuen Flasche sollte man neue Geschmacksnuancen entdecken können, nur dann handelt es sich um einen wirklich guten Wein. In dieser Hinsicht sind die französischen Weine unübertroffen. Inbegriff dieser Zuverlässigkeit ist ihr Alterungspotential, die Möglichkeit, den Wein viele Jahre zu lagern und ihn auf diese Weise zur vollen Reife zu bringen.

Auch was den Charakter betrifft, ist die Rechnung schnell aufgemacht. Abgesehen von den Piemonteser Weinen, den spanischen Rioja und Ribera del Duero, den Rieslingen aus Deutschland und Österreich sowie einigen anderen Ausnahmen, sind die meisten Weine, die auf der Welt bereitet werden, Versuche, das jeweilige französische Vorbild zu erreichen. Frankreichs Trauben, vor allem Pinot Noir und Chardonnay, Merlot und Cabernet Sauvigon, werden heute weltweit angebaut, und das Ergebnis mag mancherorts vielversprechend sein. Aber auch der beste australische oder kalifornische Chardonnay wird niemals verleugnen können, daß es sich um eine Kopie des weißen Burgunders handelt. Bei einer Kopie werden typische Einzelheiten bekanntlich überzeichnet (im Fall des Chardonnay meist der firne Holzton), und deshalb wirkt sie leider insgesamt oft uninspiriert.

Wer seinen Geschmack einmal bestimmt hat, wird in Frankreich fündig werden. Nur sollte er seinen Wein in

Frankreich nicht auch kaufen wollen. Wer gut Französisch spricht, kann bei kleinen Winzern sein Glück versuchen – am besten nach telefonischer Anmeldung –, bei renommierten Gütern wird er in der Regel jedoch vergeblich vorsprechen. Deren Weine findet er am ehesten in Restaurants oder Supermärkten. Weinfachgeschäfte gibt es eigentlich nur in Paris, und die Preise dort sind wahrlich zum Fürchten. Selbst in Beaune, der Kapitale des Burgund, habe ich nur einen einzigen brauchbaren Weinladen entdeckt, Denis Perret an der Place Carnot, der unter anderem die Weine von Drouhin und Louis Jadot vertreibt (auch ältere Jahrgänge zu relativ günstigen Preisen).

Wein in Frankreich zu kaufen, macht meistens keinen Spaß. Hat man nach langem Suchen doch einen Laden gefunden, gibt es meist nur Zweitrangiges, und das zu Preisen, die oft weit über dem liegen, was die entsprechende Flasche in Deutschland kostet. Dafür werden die Franzosen entschädigt, sobald sie essen gehen; auch einfache Restaurants verfügen bisweilen über eine Weinkarte, die man am liebsten abschreiben möchte. Die Sorgfalt, die auf den Keller verwendet wird, unterstreicht, daß Essen und Wein in diesem Land untrennbar miteinander verbunden sind. Die Preise erscheinen vergleichsweise moderat und liegen manchmal nur knapp über dem, was eine entsprechende Flasche bei  uns im Laden kostet. Eine solche Tradition habe ich hierzulande nur in Franz Kellers »Schwarzem Adler« kennengelernt sowie im »Grauen Haus« in Winkel, wo jedoch ausschließlich seltene Rheingauweine angeboten werden.

Auswahl und Gliederung einer guten französischen Weinkarte lassen bereits den ganzen Reichtum der französischen Weinlandschaft ahnen. Daß auf dieser Karte in der Regel kaum ausländische Weine zu finden sind, schmeichelt nicht nur dem Selbstverständnis der Nation, sondern entspricht auch den wahren Machtverhältnissen im Reich des Dionysos. Welcher Franzose käme jemals auf die Idee, freiwillig Sekt zu trinken? Als boche war ich die ersten Male völlig überfordert, verlor bereits bei den Champagnern den Überblick, weil ich keine einzige Marke kannte, und wußte weiter hinten nur mit Mühe die Weißen von den Roten zu unterscheiden. Eines schönen Tages nahm ich die Weinkarte des Hauses, in dem wir logierten und für den Abend einen Tisch reserviert hatten, am Nachmittag mit aufs Zimmer, und seither können mich auch die wildesten Schnörkel nicht mehr schrecken.

Läßt man einmal den Champagner außer Betracht, der selbstverständlich zur Familie der Weine zählt, sind die beiden Spitzen in Frankreich Bordeaux und Bourgogne. Napoleon liebte die Burgunder und ließ sich den Chambertin bis vor die Tore Moskaus schaffen. Die Engländer haben sich, seit sie im 15. Jahrhundert von dort endgültig verjagt wurden, auf Bordeaux kapriziert, allen voran die Colleges und das Königshaus, das zu Queen Victorias Zeiten Château Lafite bezog und heute Château Latour bevorzugt (übrigens nach dem letzten Krieg viele Jahre in britischem Besitz). Die Reihe berühmter Bannerträger für diesen oder jenen Stil ist lang, schließlich bezeichnen Bordeaux und Burgund den denkbar größten Gegensatz. Dies gilt sowohl für die Weine selbst als auch für die Appellation, also für das System, nach dem die Weine klassifiziert werden.

Ich muß vorausschicken, daß ich das Bordelais nicht kenne. Als Romantiker zieht es mich in einsame hügelige Gegenden, die Landschaft um Bordeaux aber soll recht flach und öde und überdies stark industrialisiert sein. Am Bildrand der Photos aus Pauillac tauchen die Tanks einer Raffinerie auf, im Graves schieben sich häßliche Vorstädte tief ins Weichbild der Weinberge. Hinzu kommt die Unübersichtlichkeit dieses größten Qualitätsweinbaugebiets der Welt. Vereinfacht und entgegen dem Uhrzeigersinn sieht es dort ungefähr so aus: Südlich von Bordeaux liegt Graves mit einigen erstklassigen trockenen Weißweinen (und den Botrytis-Raritäten aus Sauternes und Barsac); gegenüber, auf dem rechten Ufer der Garonne, erstreckt sich bis an die Ufer der Dordogne das riesige Gebiet von Entre-deux-Mers, wo durchschnittlicher trockener Weißwein in Hülle und Fülle erzeugt wird (und in Loupiac und Ste-Croix-du-Mont guter und preiswerter Dessertwein). Überquert man die Dordogne auf der Höhe von Libourne, hat man die Wahl zwischen Fronsac stromabwärts und den Côtes de Castillon im Osten. Dazwischen liegen die kleineren  Appellationen Pomerol und St-Émilion (mit ihren Satelliten, vor allem Montagne-St-Émilion), und von hier stammen einige der besten Rotweine Frankreichs. Etwas weiter nordwestlich, im Hinterland zwischen Bourg und Blaye, wird in größeren Mengen einfacher Rotwein angebaut.

Bei Bourg fließen Dordogne und Garonne zusammen und bilden auf dem letzten Stück bis zur Mündung gemeinsam die »meerbreite« Gironde. Entlang dem Westufer der Gironde erstreckt sich über eine Länge von etwa 80 Kilometern von den nördlichen Vororten Bordeaux' bis an die Spitze der Landzunge als schmaler langer Streifen das Médoc, die Hauptschlagader des Bordelais. Keines der großen Weingüter im Zentrum dieses Gebiets, auf den gut 25 Kilometern zwischen den Ortschaften Margaux und St-Estèphe, liegt mehr als 5 Kilometer vom Fluß entfernt, die besten reihen sich in unmittelbarer Flußnähe. Hier wachsen jene Weine, denen Bordeaux seinen Weltruhm verdankt.

Die Weine nördlich von St-Estèphe tragen die Appellation Médoc. Wir befinden uns hier, geographisch gesprochen, im unteren Médoc (Bas-Médoc), und die Weine sind kraftvoll bis robust (sehr zu empfehlen Château Potensac). Das sehr viel größere Gebiet zwischen St-Estèphe und Bordeaux ist das obere Médoc (Haut-Médoc). Die vier wichtigsten Weinbaugemeinden dieses Gebiets (von Norden nach Süden: St-Estèphe, Pauillac, St-Julien und Margaux) sowie zwei Satelliten von Margaux (Listrac und Moulis) hat der Gesetzgeber jedoch mit besonderen Appellationen ausgezeichnet, sie dürfen ihren eigenen Namen im Schilde führen. Der hieraus abzuleitende Grundsatz hat in ganz Frankreich Geltung: je kleiner die Appellation, desto charakteristischer der Wein, desto höher der Qualitätsanspruch.

Die trockenen Weißweine von Bordeaux habe ich bisher nur am Rande beachtet, die einfachen waren mir meist zu hart, die besseren aus dem Graves schienen mir oft überzahlt. Was Stil und Charakter dieser Weine betrifft, brauche ich noch ein wenig Nachhilfe. Keine Nachhilfe benötige ich hingegen bei den edelsüßen Dessertweinen. Die Entscheidung ist ja auch schnell getroffen: Entweder sagen sie einem auf Anhieb zu, dann verfällt man ihnen für unabsehbare Zeit, oder man schüttelt sich und rührt sie nur ungern wieder an. Weine auf Edelfäulebasis gibt es auch außerhalb von Bordeaux, aber die Geschmacksvielfalt der Gewächse aus Sauternes oder Barsac, die niemals bloß süß, sondern immer pfeffrig, würzig, kräftig sind, wird nirgendwo sonst erreicht. Wenn ich auf die sprichwörtliche Insel statt der drei Bücher drei Flaschen Wein mitnehmen dürfte, wäre auf jeden Fall eine Flasche Yquem dabei.

Angefangen habe ich mit Bordeaux Supérieur sowie mit Weinen von den Côtes de Bourg und Côtes de Blaye, mit den Satelliten von St-Émilion, mit Lalande-de-Pomerol und Fronsac, also mit einfachen Weinen vom rechten Ufer, die für einen Preis von unter DM 20,– sehr viel Vergnügen bereiten und eine erste Vorstellung von einem Bordeaux vermitteln können. Bei den Weinen aus dem Médoc achtete ich darauf, daß sie als Cru bourgeois, Cru grand bourgeois oder Cru grand bourgeois exceptionnel ausgezeichnet waren, begriff aber bald,  daß diese Etikettierung ebensowenig ein Qualifikationsindikator ist wie bei der Klassifizierung der großen Gewächse von 1855 die Unterscheidung in troisième, quatrième oder cinquième cru.

Bei manchen Weinen aus dem Bordeaux (dies gilt vor allem für einfachen Médoc und Haut-Médoc, aber auch für Fronsac und St-Estèphe) läuft man Gefahr, daß den kräftigen Gerbstoffen oft nicht genügend Frucht gegenübersteht (zu hoher Cabernet-Sauvignon-Anteil, zu frühe Ernte, zuviel neues Holz), so daß viele von ihnen, insbesondere wenn sie erst zwei oder drei Jahre alt sind, auf der Zunge einen pelzigen Eindruck hervorrufen. Es ist ein weitverbreiteter Irrtum, zu glauben, solche mittelmäßigen Weine würden durch Lagerung besser werden; zwar verliert das Tannin auf Dauer seine adstringierende, den Gaumen zusammenziehende Wirkung, aber Frucht (und Freude) kommt damit noch immer nicht auf. Umgekehrt liefert bei den früh genußreifen, meist von der Merlot-Traube dominierten Weinen fehlende Säure oft nicht genug Struktur, und ein solcher Wein wirkt nach einiger Zeit mitunter recht mager.

Beim Einstieg in die höhere Spielklasse setzte ich zunächst auf Pomerol und die Weine aus Margaux und dem südlichen Médoc. Die beiden Appellationen, die zu den bekanntesten im Bordelais gehören, gefielen mir zunächst aufgrund ihres Namens am besten. Das kleine Gebiet von Pomerol – das wußte ich von belgischen Freunden – gilt als eine Entdeckung der Belgier am Vorabend des Zweiten Weltkriegs und steht dort noch heute in höchstem Ansehen; im übrigen kommt von dort der begehrteste und mit Abstand teuerste Bordeaux überhaupt, der Château Pétrus. Der hohe Merlot-Anteil (70 bis 80 Prozent und mehr) und die lehmhaltigen Kiesböden erbringen einen tiefdunklen, seidigen, pflaumigen, üppigen Wein, der früher reift als die meisten anderen Bordeaux und bereits mit fünf Jahren voll genußreif ist. Es gibt hier sehr viele kleine Châteaus (viele der besten unter 10 Hektar), eine verwirrende Vielfalt von Namen und keine offizielle Klassifizierung. Dennoch ist Pomerol ein Qualitätsbegriff für duftigen, unmittelbar ansprechenden Wein, der nur einen einzigen wirklichen Nachteil hat. Er ist meist überzahlt, nicht zuletzt im Vergleich zu den Nachbarn aus St-Émilion, die zwar etwas mehr Geduld erfordern und deren Frucht möglicherweise nicht ganz so opulent erscheint, die am Ende aber oft kräftiger und komplexer wirken. Hier gibt es über 5000 Hektar Rebland (gegenüber den 730 Hektar von Pomerol), und das wirkt sich natürlich positiv auf die Preise aus.

Während ein Pomerol an seinem samtigen Stil unschwer zu erkennen ist, schwanken die Weine aus Margaux beträchtlich, auch in der Qualität. Als Anfänger war mir dieses Gebiet sympathisch, weil es nach Auskunft der Bücher die elegantesten Weine mit dem wunderbarsten Bukett hervorbringt, und so folgte auch ich der Versuchung, den legendären Ruf des einzigartigen Château Margaux auf die ganze Appellation zu übertragen. Ich erlebte manche Enttäuschung, viele der einst großen Namen waren längst verblaßt, insbesondere die Weine aus schlechteren Jahren erwiesen sich als  dünn und kurz im Abgang. In den neunziger Jahren erhielten einige Châteaus in Margaux allerdings neuen Auftrieb.

So wie ich von Pomerol allmählich ins nachbarliche St-Émilion ausgewichen bin, habe ich auch im Médoc meine Lieblingsweine im Laufe der Zeit ein paar Dörfer weiter nördlich gefunden, in St-Julien. Die beerigen, oft von starken Röstaromen dominierten, kräftigen und doch so geschmeidigen und süffigen Weine dieser Gemeinde begeistern in allen Klassen und bringen seit Jahr und Tag gleichmäßige Qualitäten hervor, nicht zuletzt auch in mittelmäßigen Jahren. So war etwa der 84er Gruaud Larose (1993 für DM 26,– gekauft und getrunken) ebenso ein Hochgenuß wie der 87er Léoville Las Cases (ein Jahr zuvor für unter DM 40,–). In diesen Fällen gilt, ähnlich wie für Pichon-Lalande in Pauillac (84er für DM 39,– oder 92er für DM 29,–) und andere zweite Gewächse, die Faustregel: Kleine Jahrgänge von großen Châteaus bieten das beste Preis-Leistungs-Verhältnis.

Nach meinen Erfahrungen läßt sich diese Regel zwar nicht für die Premiers crus bestätigen (so fand ich, daß beispielsweise weder der 79er Mouton noch der 80er Latour, noch der 87er Haut-Brion ihr Geld wert waren) und schon gar nicht für die sogenannten Zweitweine, die einige renommierte Güter aus minder geeignetem Lesegut keltern. Wer die Wahl hat, sollte aber dennoch grundsätzlich das Château dem Jahrgang vorziehen. Während einem durchschnittlichen Château nur höchst selten ein überdurchschnittlicher Wein gelingt, erzielen die berühmten Châteaus auch in weniger begünstigten Jahren oft stattliche Ergebnisse, und dieser Kontinuität verdanken sie einen Großteil ihres Rufes.

Die Weine von Pauillac, der nördlichen Nachbargemeinde von St-Julien, dürfen aus mehreren Gründen nicht unerwähnt bleiben. Hier wachsen drei der fünf

Premiers crus, nämlich Latour, Lafite und Mouton-Rothschild (die beiden anderen sind Margaux und Haut-Brion im Graves), und der Rest der Gemeinde profitiert davon. Die insgesamt 18 klassifizierten Châteaus verfügen im allgemeinen über sehr viel größere Rebflächen als Châteaus anderer Appellationen, und deshalb gibt es in Pauillac mehr gute Kisten als anderswo, aber leider drückt das nicht auf die Preise. Pauillac gilt nun einmal als das Feinste. Mir sind die tiefdunklen, dichten, körperreichen Weine bisweilen ein wenig zu kräftig, zu stark vom Holz dominiert. Nicht zufällig ist mein Lieblingswein aus Pauillac der bereits erwähnte Pichon-Lalande, der von seiner ganzen Art – samtig, saftig, beerig-weich – eigentlich nach St-Julien gehört.

Der Vollständigkeit halber seien zuletzt noch die robusten Weine von St-Estèphe genannt, die als tanninreich und herb gelten und lange liegen sollten; an manchem Cos d'Estournel, Montrose oder Meyney habe ich allerdings schon sehr viel Freude gehabt. In guten Jahren sind die vielen Crus bourgeois von St-Estèphe ein sicherer und preisgünstiger Tip.

An dieser Stelle wären eigentlich ein paar gezielte Empfehlungen einzelner Châteaus und Betrachtungen zu bestimmten Jahrgängen fällig, aber leider ist das System Bordeaux seit geraumer Zeit ziemlich durcheinandergeraten. Das Unglück trägt den Namen Robert M. Parker jr. Als ich mich in der zweiten Hälfte der achtziger Jahre für Wein zu interessieren begann, kannten den jungen amerikanischen Anwalt, der seit 1978 im Eigenverlag zweimonatlich den ›Wine Advocate‹ herausgibt, in Deutschland nur einige Experten. Ich verschaffte mir den ›Wine Buyer's Guide‹, in dem Parker seine Bewertungen nach strengem 100-Punkte-System auf über 1000 Seiten gebündelt hat, und durchforstete alle Weinangebote, derer ich habhaft werden konnte, nach einem einzigen Kriterium: möglichst viele Parker-Punkte für möglichst wenig Geld. 30 Mark für 90 Punkte war die Meßlatte.

Mit Parkers Hilfe habe ich nicht nur vorteilhaft eingekauft, ihm verdanke ich auch wesentliche Grundkenntnisse über die unterschiedliche Weinbereitung im Bordelais, über Boden, Wetter, Kellertechnik. Nachdem ich verstanden hatte, daß ihm die Lagerfähigkeit eines Weines über alles geht, das Alterungspotential gleichsam oberstes Qualitätskriterium ist, wurde ich bei gewissen Bewertungen zwar etwas vorsichtiger, insgesamt aber boten seine Punktzuweisungen hervorragende Orientierung. Bis zu jenem Tag, an dem Parker zur Mode wurde. Es gibt heute wohl kaum noch einen Weinladen in der Republik, der neben dem Preis nicht die Punkte von Robert Parker nennt, die diesen Preis offenbar rechtfertigen sollen. Aus der Mode ist inzwischen eine Seuche geworden, die Parker-Punkte scheinen auch für das Burgund und die Rhône, für Italien und Spanien die einzig gültigen, gleichsam amtlichen Zertifikate zu sein. Ja selbst für deutsche Weine wird Parker bemüht – und von denen versteht er nun wirklich nichts.

Wer Parker für einen einflußreichen Weinkritiker hält, verkennt das System. Robert Parker *macht* den Wein. Er hat mehr Einfluß als alle *winemakers* im

Bordelais zusammen. Er bestimmt nicht nur die Shooting-Stars der jeweiligen Saison – Châteaus wie Le Pin oder Le Tertre-Roteboeuf, La Mondotte oder Valandraud, von denen er noch in der letzten Saison manchmal nicht wußte, daß es sie überhaupt gibt, sind dann gleichsam über Nacht mehrere hundert Mark pro Flasche wert, und Jahr für Jahr werden neue Châteaus diesem Leichtsinn geopfert. Parker bestimmt auch alle übrigen Preise bis ins untere Mittelfeld. Bei den Premiers crus aus Pauillac bringen zwei oder drei Parker-Punkte jenseits der magischen 95-Punkte-Grenze im Handumdrehen leicht hundert Mark mehr. Hochgerechnet auf 25 000 Kisten Mouton-Rothschild, sind das rund 30 Millionen. Parker macht den Wein, und Parker macht die Millionäre. Das Fachblatt ›Alles über Wein‹ verglich seine Stellung einmal mit der von Bill Gates.

Im Herbst 1992 bewertete Parker Château Montrose 1990 mit sensationellen 100/100. Kurz zuvor hatte ich für angemessene DM 60,– zwei Flaschen auf Subskription erworben. Innerhalb weniger Wochen kletterte der  Preis auf das Doppelte und Dreifache, und als der Wein im Frühjahr 1993 herauskam, lag er deutlich über DM 200,–. Nur war nirgendwo mehr Château Montrose aufzutreiben. Mit einem jener parkerisierten Punktetrinker, die das Preiskarussell in Schwung halten, tauschte ich meine Subskription gegen eine Kiste vom Zweitwein, und mit diesen zwölf Flaschen zum Stückpreis von DM 10,– werde ich garantiert genausoviel Spaß haben wie er mit Parkers 100/100 – nur kann ich zehn Flaschen mehr trinken.

Der Fuchs, dem die Trauben zu hoch hängen, argumentiert bekanntlich, sie seien ihm zu sauer. Nun gelten die achtziger Jahre im Bordelais allerdings als das »Jahrzehnt des Jahrhunderts«, als das »goldene Zeitalter, das in der Geschichte des Weinbaugebiets keine Parallele zu haben scheint«. Da ich mir – mit Parkers Hilfe – einen reichlichen Vorrat 82er, 86er und 89er zugelegt habe, zähle ich zu jenen Glücklichen, von denen er meint, sie seien »auf Lebenszeit bestens versehen«. Auf die ebenfalls superben 90er, die in der Subskription günstiger waren als die 89er – aber bedauerlicherweise war ich damals knapp bei Kasse –, folgten zwei höchst mäßige Jahrgänge. Die 93er und 94er waren recht anständig, die 95er und 96er gut, reichen jedoch bei aller Qualität an den Standard der großen achtziger nicht heran. Parker, gefangen in seiner Spirale der Superlative, mußte seine Jahrgangseröffnungseuphorien immer öfter nach unten korrigieren. Die Preise freilich kletterten kontinuierlich und erreichten am Ende stratosphärische Höhen. Gekauft habe ich Top-86er zum Preis zwischen DM 30,– und DM 60,–; heute, bei minder guten Jahrgängen, liegen die Subskriptionspreise derselben Châteaus in der Regel beim Drei- bis Vierfachen. Was aber die wirklichen Jahrhundertweine betrifft, etwa den 82er Cheval Blanc, den ich im Februar 1994 (also eigentlich viel zu spät) für DM 165,– gekauft habe, so bringen sie, wenn dieses Buch erscheint, im Schnitt das Zehnfache. Ich kenne Leute, die mit ein paar Kisten 86er Mouton eine um vieles attraktivere Rendite erzielt haben als mit ihren Aktien – steuerfrei.

Spekulanten und Scheckbuchtrinker sind es, die uns

die Freude am Wein vergällen. Nicht nur, weil sie uns um die schönsten Tropfen bringen, sondern auch, weil sie die Zukunft des Bordelais aufs Spiel setzen. Die Freude über das schöne Geld ist für die Besitzer vieler Châteaus nämlich nur von kurzer Dauer, wenn sie feststellen müssen, daß Weinfreunde, Leute wie ich, abwandern und nach Alternativen suchen. Da auch viele der bescheidenen Châteaus im Bordelais vom Boom profitieren wollen und die Preisinflation mitmachen, liegen die Ausweichquartiere oft nicht einmal mehr in der Region. Die Spitzen werden zweifellos bleiben, aber wenn der Goldrausch eines Tages verflogen ist, wird das Bordelais insgesamt wohl einiges von seiner Attraktivität eingebüßt haben.

Robert Parker ist natürlich nicht die Ursache dieses Erdbebens, sondern nur der Seismograph. Ermöglicht haben den Triumphzug der Bordeaux-Weine globale Faktoren wie das Kaufverhalten der spätkapitalistischen Wohlstandsgesellschaft, der Wechselkurs des Dollars, der bis Ende 1997 ungebrochene Wirtschaftsboom in Südostasien. Parker hat die Entwicklung rechtzeitig erfaßt und aus seiner Liebe zum Bordelais eine Industrie für Frankreich gemacht. 1993 wurde er dafür  von Präsident Mitterrand zum Ritter des Verdienstordens ernannt, eine Auszeichnung, die bisher nur wenigen Amerikanern zuteil wurde.

Mit der weltweiten Etablierung des Parker-Systems ist die Suche nach einem guten Bordeaux für den wahren Weinfreund zu einer Tortur geworden. Welches Château auch immer er entdeckt, der schnelle Parker war schon da, es ist wie im Märchen vom Hasen und dem Igel. Wo es aber nichts mehr zu entdecken gibt, weil jeder Tip sofort öffentlich gemacht wird, fällt es auf Dauer schwer, den eigenen Geschmack zu etablieren. Auf der Flucht vor Parker, vor den Preisen, vor der Langeweile wendet sich der Bordeaux-Liebhaber anderen, freundlicheren Gefilden zu.

Man kann über die Pyrenäen fahren und wird im Rioja-Gebiet oder ein Stück weiter, am Oberlauf des Duero, herrliche, fruchtige, süffige Weine finden, die manchem auf Dauer vielleicht ein wenig zu alkoholreich und in ihrer Süße zu exotisch anmuten, insgesamt aber als zuverlässig gelten können. Immer häufiger ist auch von der kleinen Enklave Priorato in Katalonien mit ihren extrem niedrigen Hektarerträgen die Rede. Während einige der besten Ribera-Weine auf altmodische Weise noch immer lang im Holzfaß reifen, setzt sich zunehmend auch der neue, an Bordeaux orientierte Stil durch, der einen schnelleren Konsum erlaubt. Seit die Preise im Bordelais explodiert sind, haben die spanischen Weine weltweit viele neue Freunde gefunden. Der Export stieg von 22,8 Millionen Liter 1990 auf fast 60 Millionen; mehrere gute Jahrgänge in Folge begünstigten diesen Trend.

Auch zwei kleinere französische Appellationen diesseits der Pyrenäen, Cahors und Madiran in der Gegend von Toulouse, locken mit konzentrierten, tiefdunklen, zum Teil recht langlebigen Weinen zwischen DM 15,– und DM 30,– (in der gleichen Gegend, kurz vor der spanischen Grenze, wächst übrigens auch der traditionsreiche

Jurançon – sehr zu empfehlen Domaine de Cauhapé –, ähnlich wie der Monbazillac im Gebiet von Bergerac eine Art Taschenbuchausgabe des Sauternes). Etwas einfacher, aber ebenfalls angenehm zu trinken sind die Roten aus dem Midi, den großen, weiter östlich, bereits am Mittelmeer gelegenen Regionen Côtes du Roussillon, Corbières und Languedoc. Was man hier für DM 12,– erwirbt, kostet in Bordeaux glatte DM 18,–.

Die Weine von der Rhône verdienten eigentlich ein eigenes Kapitel. Ein alter Hermitage von Jaboulet oder Chapoutier, ein großer Châteauneuf-du-Pape von Beaucastel, Rayas oder der Domaine de la Janasse zählen zum Besten, was Frankreich zu bieten hat: dunkle, mächtige, gehaltvolle Weine, die die Mitte halten zwischen einem strengen, gut gemachten Bordeaux und einem üppig ausladenden Burgunder (die sagenumwobenen Côte-Rôtie-Einzellagen von Guigal werden aufgrund ihres Preises wohl immer unerreichbar für mich  bleiben). Man unterscheidet zwischen nördlicher und südlicher Rhône, und der Vielfalt der Trauben und Stile (viel Syrah im Norden, viel Grenache im Süden, Cuvées aus mehr als zehn Sorten) entspricht die extrem unterschiedliche Qualität dieses ausgedehnten und möglicherweise überstrapazierten Weinbaugebiets. Weißwein sollte man hier übrigens nicht suchen (mit Ausnahme der kleinen und teuren Appellation Condrieu), den liefert der andere große Fluß des Landes, die Loire.

Daß es in der Provence gute Weine geben soll, ist ein Gerücht. Der Rosé, bei dem selbst säuerliche Schwäbinnen leicht in Verzückung geraten, bleibt auch bei 35 Grad im Schatten und stark gekühlt ein undefinierbarer klebriger Saft. Ein paar Ausnahmen freilich gibt es: die herrlich frischen und würzigen Weißweine von Cassis (ideale Begleiter zur Marseiller Fischsuppe, bei uns leider kaum je zu finden), die harmonischen vollen Roten aus Bandol und nicht zuletzt die Weine der Dürrbachs von der Domaine de Trevallon, deren 85er und 86er ich gleich kistenweise verschlang. Den Fund verdanke ich – ich gestehe es gern – Robert Parker, der Trevallon »eine der größten Entdeckungen meines Lebens« nannte. Das waren noch Zeiten, als Robert Parker und ich uns gemeinsam begeistern konnten.

Spätestens auf der Rückfahrt vom Urlaub in Südfrankreich kommen viele Deutsche durch das Burgund. Sie werfen einen flüchtigen Blick auf den unscheinbaren Höhenzug im Westen und ahnen wohl kaum, daß sie soeben den Gipfel der Weinwelt, den Olymp der Zecher passieren. Wer auch nur einmal an einem Spätnachmittag Ende September, Anfang Oktober ein wenig oberhalb von Puligny oder Vosne-Romanée stand, weiß, warum diese sanft geschwungenen Hänge Côte d'Or heißen: Nirgendwo auf der Welt, nicht einmal in den Etalagen der Juweliere an der Place Vendôme, habe ich ein intensiveres wärmeres Gold gesehen als hier. Wie auf einer Perlenschnur, die sich Hügel für Hügel sanft an den Bergrücken anschmiegt, reihen sich über 50 Kilometer die Gärten der Begierde. Die Weine hier sind noch teurer, noch renommierter als im Bordelais, aber abgesehen von den Kultweinen der Domaine de la

Romanée-Conti handelt es sich nicht um Anlage- und Spekulationsobjekte, sondern um Objekte der Lust.

Das Burgund ist die einfachste Verkörperung der Sinnlichkeit, und so finden sich hier auch einige der besten Restaurants des Landes. Wenn man nach einem langen Essen am Nachmittag durch die dunstig-feuchte Landschaft fährt, stehen die wunderbaren weißen Charolais-Rinder, deren schmackhaftes Fleisch einen eben noch in den Himmel der burgundischen Küche entführte, schon wieder auf der Weide. Man rollt durch Orte, die wie Käsesorten heißen, bis man sich vergegenwärtigt, daß sie ja von hier stammen, die Epoisses, Langres, Crottin de Chavignol und ein halbes Dutzend anderer der in aller Welt begehrten französischen Käse. Hühner aus der Bresse, Senf und Schokolade aus Dijon, Oeufs en Meurette oder Jambon persillé: Das meiste ist bodenständig, einfach und pur. Der Luxus besteht in der Präzisierung des Details, zum Beispiel im Kartoffelsalat bei Bernard Loiseau in Saulieu.

Terroir, Boden, heißt das Zauberwort, nach dem an der Côte d'Or die Weinberge unterschieden werden. Johnson nennt das Burgund »das höchstentwickelte Bezeichnungssystem der Welt«, und das macht es für den Neuling, der sich eben in der Gegend von Bordeaux zurechtzufinden beginnt, nicht leichter, zumal da man in Bourgogne keine Châteaus kennt, sondern nur Lagen, Händler und Winzer. Man muß sowohl die Lagen als auch die Händler und Winzer unterscheiden lernen, und wenn man dann in etwa zu wissen meint, welche Lagen in welchem Haus besonders gut sind, wechseln die Besitzer oder die Kellermeister. Auch weisen die Qualitäten von Jahr zu Jahr viel größere Schwankungen auf als anderswo, und was dem einen Négociant in diesem Jahr bis zur Perfektion gelingt, versucht sein viel berühmterer Nachbar unter den gleichen Bedingungen im folgenden Jahr vergebens. Vor allem die achtziger Jahre brachten gewaltige Kontinuitätsprobleme, weil man glaubte, der ungeduldigen internationalen Kundschaft schnell trinkfertige Weine liefern zu müssen. Glücklicherweise hat das gute Wetter in Burgund seit 1990 vieles ausgeglichen, und spätestens seit dem nochmaligen Aufschwung von 1995 sind sowohl die Weißen als auch die Roten alles in allem wieder zuverlässiger. Nach wie vor gibt es jedoch außer den Namen einiger meist kleinerer Winzer und größerer Handelshäuser (Joseph Drouhin, Louis Jadot, Faiveley sowie, allerdings nur für Weißweine, Chartron & Trebuchet oder Louis Latour) nur wenige Indizien, an denen der Kunde sich orientieren kann.

Für DM 35,– kann man genauso eine kleine Sensation erleben wie für DM 110,– die satteste Enttäuschung seiner Karriere als Weinschwelg. Parker bezeichnet die Burgunder nicht unzutreffend als »Weine für Masochisten«, und Michael Broadbent von Christie's nennt die Gegend »ein Minenfeld«. Ich bemühe gern das russische Roulette: zehn Schuß, ein Treffer. Der allerdings sitzt. In meiner persönlichen Hitliste der zehn besten Weine, die ich bisher getrunken habe, finden sich immerhin sechs Weine aus dem Burgund (an der Spitze ein 69er Chambertin Lavaux-St-Jacques von Leroy, getrunken 1994, und ein 69er Corton Renardes von M. Delarche, getrunken 1989).

Was hier an Eleganz und Finesse aus dem Glas strömt und an Wucht den gesamten Gaumen ausfüllt, was hier an minutenlangem Nachhall bis in die Zehenspitzen zu verspüren ist, kann ich mit nichts vergleichen. An solchen Weinen wird deutlich, daß die Frucht der Traube um so präziser und eindeutiger wird, je breiter die Palette angelegt ist. Das reine Weiß setzt sich eben, wie auf den Gemälden Vermeers oder Saenredams, aus einer Vielzahl von Tönen zusammen. Die Süße des Sauternes, die Reife des Hermitage, die Kraft des Bordeaux, dies alles und noch viel mehr enthält ein großer Burgunder, um am Ende doch nur die eine Traube, Pinot Noir, zur Vollendung zu treiben.

Viele Orte im Burgund haben sich, um ihre Weine weltweit besser zu verkaufen, als Zusatznamen den jeweils berühmtesten Weinberg der Gemarkung einverleibt.  Statt Puligny heißt es also seit Generationen Puligny-Montrachet, statt Aloxe Aloxe-Corton, statt Chambolle Chambolle-Musigny, statt Gevrey Gevrey-Chambertin und so weiter. Ein Wein aus Gevrey-Chambertin ist deshalb noch lange kein Chambertin. Die knapp 13 Hektar der Grand-cru-Lage Chambertin, um bei diesem Beispiel zu bleiben, teilen sich mehr als zwanzig Besitzer. Einige bereiten den Wein selber, andere verkaufen ihr gesamtes Lesegut, wieder andere übernehmen die Arbeit im Keller und versteigern dann die Fässer. Fast alle Chambertins erzielen Preise deutlich über 200 Mark pro Flasche, Preise, die (wie ich mir habe sagen lassen) nur in den seltensten Fällen gerechtfertigt sind. Neben Chambertin gibt es in der Gemeinde sieben weitere

Lagen, denen Grand-cru-Status zukommt, sowie etwa zwei Dutzend Premiers crus, von denen einige deutlich bessere Weine hervorbringen als die sehr viel teureren Grands crus. Dieses diffizile System der Klassifizierung setzt sich nach unten in den kommunalen Appellationen der Côte d'Or fort und hat zu einer den Verbraucher stark verunsichernden Unübersichtlichkeit geführt.

An der Côte de Beaune, dem südlichen Teil der Côte d'Or, wachsen klare, leichte, duftige Weine voll Jugendlichkeit und Anmut. Anfangs kamen mir manche dieser Weine etwas schwächlich vor, insbesondere im direkten Vergleich mit ihren kräftigen Brüdern von der Côte de Nuits, die ja auch viel älter werden können; aber im Laufe der Jahre bin ich doch regelmäßig dem Charme eines Beaune erlegen, und heute zählen die Premier-cru-Lagen oberhalb der Stadt zu meinen Favoriten. Für die berühmten Nachbargemeinden Pommard und Volnay habe ich mich nach mancher Enttäuschung hingegen nie richtig erwärmen können – diese Weine sind eindeutig überzahlt. Pommard, Pomerol, Pommery, außerhalb Frankreichs, insbesondere in den Vereinigten Staaten, spricht sich das eben leichter aus als Auxey-Duresses oder Pernand-Vergelesses. Dort, am Eingang der Seitentäler, sind die Weine viel günstiger und oft erstaunlich gut (neben Auxey-Duresses und Pernand-Vergelesses sollte man insbesondere auf St-Aubin und Savigny-lès-Beaune achten).

Den Höhepunkt der Côte de Beaune aber bilden – neben dem Corton, wo unterhalb des Waldes die Stöcke für weiße und rote Trauben einträchtig nebeneinanderstehen – die vier Kilometer vom südlichen Ortsausgang von Meursault bis zur Nationalstraße 6. Hier, oberhalb von Puligny-Montrachet, feiert die Chardonnay-Traube, die vor einigen Jahren ihren Siegeszug rund um den Globus antrat, Triumphe ihrer Gattung, hier wächst das Original, der üppigste und wahrscheinlich großartigste Weißwein der Welt. Wenn sie einmal zehn Jahre auf dem Buckel haben, entpuppen sich diese Weine als wahre Riesen, die dick wie Port aus der Flasche rinnen und in der Nase an frisches Harz, Petroleum und Vanille erinnern. Geht man am zentralen Platz von Puligny im »Le Montrachet« essen (schon der Blick in die Weinkarte haut einen um), läuft nach dem Dessert ein paar hundert Meter Richtung Westen der Sonne entgegen und legt sich auf eine der breiten Kalksteinmauern, die sich hier durch die Weinberge ziehen, dann ist die Welt in Ordnung. Und wenn man die Augen lange genug schließt, kann man sogar die Eidechsen hören, die über die warmen Mauern huschen.

Wem der Wein hier zu teuer ist – ein guter Premier cru aus Puligny-Montrachet oder Meursault kostet immerhin seine DM 50,– und mehr –, der wird guten weißen Burgunder auch in den bereits genannten Seitentälern finden, vor allem aber zehn Kilometer südlich, im sogenannten Chalonnais, in den Appellationen Rully, Montagny und Mercurey (Givry bietet eine ähnlich preiswerte Alternative zum roten Burgunder). In dem riesigen, noch weiter südlich gelegenen Anbaugebiet des Mâconnais ist dagegen Vorsicht geboten; verläßlichen Chardonnay sucht man hier am besten in der Appellation

St-Véran (typische, wenn auch eher bescheidene Weine) oder in dem begehrten Gebiet von Pouilly-Fuissé (nicht zu verwechseln mit dem bei uns bekannten Weißwein von der Loire, Pouilly-Fumé, der genau wie der Modewein aus der dortigen Nachbarappellation Sancerre aus der Sauvignon-Traube gemacht wird).

Südlich an die Appellation Mâcon grenzt jenes Gebiet, das überall auf der Welt, auch bei uns Deutschen, immer wieder zu Mißverständnissen Anlaß gibt, das Beaujolais. Der schlappe Saft, genannt Primeur oder Nouveau, der im übrigen nicht das geringste mit einem Burgunder zu tun hat – es gibt sogar Leute, die behaupten, es handele sich nicht einmal um Wein –, löst alljährlich am dritten Donnerstag im November rund um den Globus fieberhafte Zustände aus. Jeder will an diesem Tag zu den ersten zählen, die den Nouveau verkosten dürfen. Dabei ist die Gamay-Traube durchaus zu Höherem berufen, und die Grands crus aus dem Beaujolais wie Morgon oder Moulin-à-Vent, Fleurie oder Juliénas, die ein paar Jahre liegen sollten, bringen unverwechselbare, einmalig fruchtige, rassige Weine hervor.

Auch am anderen, nördlichen Ende der Bourgogne liegt ein Gebiet, das auf ähnliche Weise zu trauriger Berühmtheit kam, Chablis. Was in den Supermärkten unter dieser Bezeichnung angeboten wird, sollte man, genau wie den Beaujolais, stehenlassen, es wird einfach zuviel davon produziert. Die Premiers crus und Grands crus können zwar erstaunlich frisch sein – der Chablis zählt zweifellos zu den mineralischsten Weinen, die es gibt –; aber für das gleiche Geld, das man hier für ein Grand cru zahlt, bekommt man in Meursault oder Puligny-Montrachet sehr viel mehr: mehr Blume, mehr Würze, mehr Länge.

Auf dem Weg nach Hause kommen wir durch das Elsaß. Welch wunderbare Weine wachsen hier, allen voran die mächtigen, trockenen Rieslinge aus den Grand-cru-Lagen nördlich und südlich von Colmar. Und dann die exotischen Trauben Gewürztraminer, Tokay Pinot Gris und Muscat, die allein schon einen Aufenthalt im Elsaß rechtfertigen. Das Land bietet dem Weinfreund zwei unschätzbare Vorteile: Übersichtlichkeit und gute Weine in allen Preisklassen. Was die Art der Weinbereitung  angeht, hält das Elsaß die Mitte zwischen Deutschland und Frankreich, Elsässer Weine finden sich in Paris genauso auf jeder Weinkarte wie hierzulande, und auch sonst ist der schmale lange Streifen zwischen Rhein und Vogesen eine in jeder Hinsicht völkerverbindende europäische Region.

Daß das nicht immer so war, belegen auf schaurig imposante Art die zahllosen Soldatenfriedhöfe und Denkmäler aus dem Deutsch-Französischen Krieg von 1870/71. Empfindlichkeiten sind auch hundert Jahre später nicht auszuschließen. In den siebziger Jahren sollte bei einem Besuch von Staatspräsident Pompidou in der Bundesrepublik zum Dessert Hochheimer Domdechaney Eiswein ausgeschenkt werden. Es handelte sich um den sogenannten Dreikönigswein der Staatsweingüter, der erst am 7. Januar 1971 geerntet worden war und daher auf dem Etikett die ungewöhnliche Jahresangabe 1970/71 trug. Die Herren vom Protokoll gaben zu bedenken, daß der französische Gast sich brüskiert fühlen könnte, und nahmen den Wein im letzten Moment aus dem Programm.

Wäre die Wahl auf einen Elsässer statt auf einen Rheingauer gefallen, hätte man einen 70/71er ohne weiteres servieren können und dann zu mancher Betrachtung Anlaß gehabt.

Königsarznei

Wieviel in der Welt auf Vortrag ankommt,
kann man schon daraus ersehen, daß Wein,
aus Kaffetassen getrunken, ein sehr elendes
Getränk ist.

Georg Christoph Lichtenberg

Weintrinker gelten als kultiviert. Nicht nur in der Berliner Wilhelmstraße, bis 1945 Sitz des Auswärtigen Amtes, unterschied man zwischen der »Weinabteilung«, den Räumen für den höheren diplomatischen Dienst, die mit dicken roten Teppichen ausgelegt waren, und der »Bierabteilung«, wo sich die Konsularbeamten gegenseitig auf die Füße traten. Wo immer auf Distinktion  Wert gelegt wurde, galt die Wahl des Getränks als untrügliches gesellschaftliches Unterscheidungsmerkmal. »Stellen Sie sich nur vor«, hörte ich noch kürzlich einen Brautvater klagen, »die Eltern unseres Schwiegersohns trinken Liebfrauenmilch.« Der Dünkel von Weintrinkern kann bisweilen recht verletzend sein.

Aristoteles unterschied zwar: Der vom Wein Berauschte falle aufs Gesicht, der Biertrinker auf den Rücken, aber wer von beiden der Glücklichere sei, ließ der Philosoph offen. Wahrscheinlich dürfte es dem Betrunkenen auch ziemlich gleichgültig sein, wie er zu seinem Rausch gekommen ist, Hauptsache, der Kater am nächsten Morgen gestaltet sich einigermaßen erträglich. Um vorzubeugen, wird in gesitteten Kreisen viel Wasser zum Wein getrunken.

In ›Des Knaben Wunderhorn‹ streiten sich Wasser und Wein viele Strophen lang, wer von beiden »der Feinere« sei. Am Ende ist der Wirt die Sache leid: »Sie wollten noch länger sich streiten,/ Da mischte der Gastwirt die beiden.« Das Mischen ist bei uns aus der Mode gekommen, nur im Süden weiß man es noch immer zu schätzen, und das griechische Wort für Wein, to krasí, bedeutet nichts anderes als Mischung, Gemisch. Einen Retsina auf einer Terrasse am Meer in Ehren, aber in guten Wein, zumal roten, gehören weder Wasser noch barbarische Eiswürfel. Protzige Asiaten sollen – so heißt es – den Mouton-Rothschild, der ihnen zu adstringierend ist, auch schon mit Coca-Cola verdünnt haben. Da liegen sie zumindest mit der Farbe nicht falsch.

Auf die Gefahr hin, mich bei Goethe-Kennern zu blamieren, will ich hier ein apokryphes Gedicht zitieren, das ich nur aus mündlicher Überlieferung kenne und für das ich bisher keinen Beleg gefunden habe. Goethe war bereits in fortgeschrittenem Alter, als er eines Tages in Leipzig im Wirtshaus saß (wann? wo? höre ich die Philologen fragen, alles Unsinn). Am Nachbartisch saßen ein paar junge Burschen, die sich darüber mokierten, daß der Alte seinen Wein mit Wasser mischte. Goethe ließ sich ein Blatt Papier geben, formulierte einen Sechszeiler, den er den Studenten zuschob, und verabschiedete sich.

Wasser allein macht stumm,
Das zeigen im Teiche die Fische.
Wein allein macht dumm,
Das zeigen die Herren am Tische.
Drum trinke ich Wasser, gemischt mit Wein,
Weil ich weder stumm noch dumm will sein.

Goethe oder nicht, das Gedicht ist nicht übel, und wer die Trinkgewohnheiten des Dichters kennt – anderthalb Liter Weißwein pro Tag, gemischt mit Wasser –, wird die Zeilen durchaus für authentisch halten. Goethe bevorzugte Gewächse aus deutschen Landen, von denen ihm die Würzburger und die Rheingauer die liebsten waren. Er hielt sich an den Grundsatz, »das Genießbare zu genießen, das Nutzbare zu nutzen und das Fürtreffliche zu verehren«, und die Qualitäten wußte er gut zu unter-  scheiden. Im Alter lobte er besonders den Elfer oder Eilfer, den legendären Jahrgang 1811, der »zugleich köstlich und reichlich« war und der auch ins Schenkenbuch des ›West-östlichen Divans‹ Eingang gefunden hat, das wunderbarste Weinlied, das die deut- sche Literatur kennt.

So weit bracht' es Muley, der Dieb,
Daß er trunken schöne Lettern schrieb.

Die Liebe zum Wein beflügelte schon den 25jährigen. »Ohne Wein und ohne Weiber / Hol der Teufel unsre Leiber«, heißt es im Tagebuch 1775, und zwei Jahre zuvor hatte er im ›Götz‹ bekannt: »Wenn ihr Wein ge- trunken habt, seid ihr alles doppelt.« Goethes Vater besaß vor den Toren Frankfurts einen Weinberg, in dem er zwischen den Reihen der Weinstöcke kurioserweise auch Spargel zog. »In der guten Jahreszeit« ging der Vater fast täglich hinaus, der Sohn begleitete ihn und lernte auf diese Weise früh die Gartenarbeit kennen. An die Stimmung im Spätherbst erinnert sich Goethe in ›Dichtung und Wahrheit‹: »Nach mancherlei Früchten des Sommers und Herbstes war aber doch zuletzt die Weinlese das Lustigste und am meisten Erwünschte; ja es ist keine Frage, daß wie der Wein selbst den Orten und Gegenden, wo er wächst und getrunken wird, einen freiern Charakter gibt, so auch diese Tage der Weinlese, indem sie den Sommer schließen und zugleich den Winter eröffnen, eine unglaubliche Heiterkeit verbreiten.« Es ist diese Mischung aus Heiterkeit und Freiheit, die Goethe bis ins Alter mit dem Wein verbinden sollte, und nirgendwo hat er das bacchische Lebensgefühl eindringlicher beschrieben als in der ›Reise am Rhein, Main und Neckar‹, die ihn 1814 für drei Monate in die Heimat führte.

Es war die Zeit, in der die Unterschiede zwischen den einzelnen Weinbaugebieten in Deutschland allmählich deutlicher ins Bewußtsein traten. Zwar standen einige Namen von jeher hoch im Kurs. So wußte man schon 1582 Rangen, Brand und Sporen zu unterscheiden, drei Grands crus im Elsaß, die noch heute zu den besten zählen, aber erst mit den Romantikern begann eine Art Wettlauf unter den Laientrinkern. »Fast jeder Wein hat sein Gutes, fast alle verdienen gekannt zu werden«, schrieb der immer auf Ausgleich bedachte Ludwig Tieck, gab dann jedoch den Rheinweinen den Vorzug:

»vom leichten Laubenheimer bis zum starken Nier-
steiner, gewaltigen Rüdesheimer und tiefsinnigen Hochheimer«. Viele andere Weine, etwa die vom Neckar, sei-
en nur da, um »den Durst zu löschen«. Auch Wilhelm
Hauff sang im Bremer Ratskeller das Lob von Lauben-
heim und Nierstein und pries daneben vor allem die
Binger Weine und den Johannisberger.

Hundert Jahre zuvor, in einer Aufstellung von 1709, galt
der Hochheimer als der beste Rheinwein; es folgten die
Weine von Bacharach und, weit abgeschlagen, die
Mosel- und Neckarweine, die zwar »eine wohltempe-
rierte Säure« aufwiesen (»daher sie auch bald durch den
Urin abgehen«), aber doch »gar zuviel Wasser« hätten.
Wenig später rückte Bacharach sogar an die erste Stelle:

Zu Bacharach am Rhein
Klingenberg am Main
Und Würzburg auf dem Stein
Wachsen in Deutschland die besten Wein

hieß es im ›Teutsch-juristischen Sprichwörterschatz‹
von Georg Tobias Pistorius 1724. Daß Klingenberg und
Würzburg so weit oben rangierten, läßt vermuten, daß
im »Thesaurus« nicht alles mit rechten Dingen zuging,
denn gemeinhin wurde der Frankenwein schon damals als »Krankenwein« bezeichnet, und noch heute
schmecken manche Tropfen aus dieser Gegend stark
nach Medizin.
   In dem um diese Zeit erschienenen ›Nutzbaren, ga-
lanten und curiösen Frauenzimmerlexicon‹ von Gottlieb

Siegmund Corvinus wird empfohlen, dem Wein Einschlag zu geben, nämlich »ein mit Schwefel, Fenchel und Kornblumen angenetztes Tüchlein brennend in das Weinfaß zu hängen, wodurch es vor dem Kaan, Moder und Anlaufen verwahret wird«. Von einem guten Wein wird an gleicher Stelle gefordert, »er soll haben colorem, eine schöne helle Farbe, odorem, einen guten Geruch, und saporem, einen annehmlichen Geschmack«. Die Anfangsbuchstaben der lateinischen Begriffe bilden jenen harmonischen Dreiklang von Farbe, Geruch und Geschmack, an dem noch heute jeder Wein gemessen wird: COS. Von der Forderung nach heller klarer Farbe rührt übrigens die Redensart, jemandem klaren oder reinen Wein einschenken.

Um der Qualität aufzuhelfen, ließ man auch früher nichts unversucht. Fischart fleht im deutschen ›Gargantua‹: »O Gott behüt den Wein vor Hagelstein und treff' den, der die Maß macht klein und tut Wassermilch, Eierklar, Salzspeck, Senf, Weidäschen und Tropfwurz drein«. »Ein Haselzweig, der Rinde entschält und mit frischer Butter gesalbt«, so eine andere Überlieferung, »benimmt, ins Faß gehenkt, dem Wein den gräuligen und schimmlichten Geschmack«. Und noch Mitte des 19. Jahrhunderts findet sich in einem Technischen Wörterbuch eine Anleitung, wie sich aus Kartoffelstärkemehl ein guter Wein bereiten läßt.

Nun richtet sich die Art der Weinbereitung bekanntlich nach dem Geschmack des Publikums, und wie die Moden wechseln die Weine. Die Römer tranken den ihren mit Vorliebe gewässert, gewärmt und gewürzt, und diesen Punsch übernahmen im Mittelalter die wohlhabenderen Schichten. Während der gemeine Mann seinen Wein offenbar ungemischt trank, machten ihn die Reichen, wie der Historiker Georg Gottfried Gervinus berichtet, »mit allerlei Zutaten künstlich genießbarer, mit Honig, Kräutern, Früchten, Gewürzen«. Daß auf diese Weise »eine altrömische Sitte« fortgesetzt wurde, betont auch der Philologe Moritz Heyne: Angeknüpft habe man dabei an die Empfehlungen des Agrarschriftstellers Columella, »den Wein mit Wermut, Isop, Stabwurz, Thymian, Fenchel, Polei und Myrte zu versetzen«.

Bei soviel Geheimwissenschaft bleibt der Aberglauben nicht aus. Fällt Weihnachten auf einen Sonntag, gibt es viel Wein und wenig Honig. In Baden, Schwaben und der Pfalz muß an Weihnachten ein Schoppen mit gärendem Wein überlaufen, damit die Ernte reich ausfällt.  Gut sind die Aussichten auch bei schönem Wetter an den Tagen der heiligen Urban, Vinzenz, Laurentius und Matthäus sowie an Mariae Himmelfahrt. Die einen glauben an die Zauberkraft siebenjährigen Weins, die anderen füllen ihren Wein vorzugsweise freitags ab. Weit verbreitet ist der Brauch, beim Tod des Hausherrn an alle Weinfässer zu klopfen und dabei zu sagen: »Der Herr ist tot.« Auf diese Weise verhindert man, daß der Wein sauer wird. Damit der Wein durch den Donner nicht verderbe, lege man ein Eisenblech auf die Weinfässer, heißt es Mitte des 17. Jahrhunderts, und hundert Jahre später empfiehlt das ›Zedlersche Lexikon‹ als Schutz vor Trunkenheit einen Amethyst (von gr. amethystos = nicht trunken, dem Rausch widerstehend). Selbst der große Philosoph Hegel ließ sich offenbar berauschen; er glaubte zu wissen, daß auf Kometen gute Weinjahre folgen.

Im ›Grimmschen Wörterbuch‹, dem das vorliegende Kapitel viele Hinweise verdankt, erstreckt sich der Eintrag zu Wein über mehr als 150 Textspalten. Angesichts einiger tausend Zusammensetzungen, in denen das Wort Wein vorkommt, springe »die überragende Bedeutung der Weinkultur für das deutsche Leben zumal der alten Zeit in die Augen«. Der älteste Name für ein Rebengrundstück war Weingarten. Grimm betont, daß das Grundstück eingehegt sein mußte, im 13. Jahrhundert von einer Mauer, später von einem Zaun, »damit weder Menschen noch Vieh dazukommen«. »Alle die Weingarten oder Reben haben, sollen die verzäunen und vermachen, daß ein Mutterschwein mit neun Frischlingen um und um die Reben laufen und durch die Zäun nicht kommen möge«, sieht eine Verordnung aus Thurgau 1475 vor.

Neben dem Weingarten ist auch das Weinhaus aus der deutschen Sprache weitgehend verschwunden. Grimm führt dies zurück auf den Siegeszug des Biers und auf »die gedrängtere Bauweise unserer Städte, die dem Weinschank nur wenige Räume zubilligt, während er in alter Zeit und ländlichen Verhältnissen ganze Häuser einnahm«. Mit solchem Kulturpessimismus korrespondiert jener dunkelgetäfelte, leicht altertümlich wirkende Raum in Hannover, der eigentlich »Friedrich Wolfs Weingroßhandlung und Weinstuben« hieß und unter dem Namen »Weinhaus Wolf« in die deutsche Literatur einging. Hier verbrachte im Frühjahr 1936 der Oberstabsarzt Dr. med. Gottfried Benn manchen Abend, wandte bei zwei Schoppen den Herren am Nebentisch meist den Rücken zu und dachte nach über den Verfall der Rassen.

Unter den im allgemeinen Sprachgebrauch abhanden gekommenen Begriffen steht der Weinkönig obenan; Grimm kennt vier Bedeutungen, die weibliche Form in Gestalt einer Weinkönigin kennt er noch nicht (die gibt es erst seit 1948). Es gab Weinpeitscher und Weinjuden (im 17. Jahrhundert für Weinfälscher und -wucherer), Weinfahrten (zur Herbeischaffung von Wein), Weinfahnen (Schankzeichen) und Weinferien (Gerichtsferien während der Weinlese). Hundsimbiß oder Mäusemahlzeit hieß eine Mahlzeit ohne Wein. Wer keinen Wein trank, war weinscheu, wer zuviel trank, wurde Weinente oder Weineule genannt. Dazu liefert Grimm jede Menge Volksweisheit gratis: Wenn Wein eingeht, geht Witz aus. – Beim Wein kennt man die Leut. – Guter Gesell bei dem Wein ist ein böser Kinder Vater. Oder auch: Mit Wein macht man die Papagei schwätzen.

Besonderer Brauch unter den Deutschen war es, zur Bestätigung eines Handels, zur Feier eines Vertrages oder eines Verlöbnisses Wein zu trinken. Der sogenannte Weinkauf begründete gleichsam das Rechtsverhältnis zwischen den Parteien, indem er den Kauf oder Tausch unwiderruflich machte. Bei größeren Geschäften wurde der für den Weinkauf zu entrichtende Betrag festgelegt, und selbstverständlich tranken die Zeugen unentgeltlich mit. Schon die alten Germanen hätten die besten

Geschäfte beim Wein geschlossen, schrieb Fischart unter Berufung auf Tacitus, und noch Mitte des 19. Jahrhunderts hieß es in einer Geschichte des Weins: dem Deutschen sei »kein Geschäft zu geringfügig, daß er nicht darauf trinken sollte«. Da verwundert es nicht, daß das Trinken manchenorts am Ende wichtiger wurde als der Handel selbst und zum Beispiel im Rheingau der Verlobungstag schlicht Weinkauf hieß.

Das auf diese Weise im gemeinsamen Trinken zum Ausdruck gebrachte Bedürfnis nach Geselligkeit verleitete Gervinus zu der kühnen These, der Wein mache den Menschen »freigebig und liberal«. Umgekehrt gebe es »nichts Ekleres«, nichts, was der Bestimmung des Weins mehr entgegenstehe, »als ein einsames Saufen«.

Als Jean-François Champollion 1822 begann, die Hieroglyphen zu entziffern, war das erste Wort, das er aufgrund seiner Häufigkeit entschlüsseln konnte, das Wort für Wein. Als bevorzugtes Getränk – und Nahrungsmittel – des Menschen gehörte der Wein zu den frühesten Opfergaben bei Kulthandlungen. Darüber hinaus diente er als Rauschmittel zur Herbeiführung ekstatischer Zustände, und er stand stellvertretend für Blut, sei es als Teil des Totenopfers oder wenn er, wie Herodot von den Skythen berichtet, mit Blut vermischt bei Abschluß eines Bundes getrunken wurde. Von den Persern berichtet Herodot, daß sie sich über die wichtigsten Angelegenheiten betrunken beraten hätten; wenn ihnen das Ergebnis am nächsten Tag noch gefiel, nahmen sie es an. Umgekehrt berieten sie, was sie in nüchternem Zustand besprochen hatten, betrunken noch einmal.

Aus Persien stammt auch eine der schönsten Geschichten über die Entdeckung des Weins. Als zu Zeiten Dschemschids der Purpursaft der Traube in Persien bekannt wurde, verlangte es den König danach, den Saft auch winters und im Frühling zu genießen. Eines Tages schmeckte der Saft bitter. Da glaubte der König, er sei zu Gift geworden, und hieß das Gefäß wegschließen. Seine Lieblingssklavin aber, die unsäglich an Kopfschmerzen litt und deshalb zu sterben beschlossen hatte, stahl das wohlverwahrte Gift und nahm ein wenig davon zu sich. Das Leid ließ nach, sie fühlte sich ermuntert und belebt, und nachdem sie noch etwas mehr gekostet hatte, schlief sie ein. Sie, die mehrere Tage nicht geschlafen hatte, schlief nun ohne Unterbrechung vierundzwanzig Stunden, und als sie erwachte, war sie gesund. Dschemschid aber, dem dies berichtet wurde, war hocherfreut. Er pries den wundersamen Saft, den er auf der Stelle zum Getränk aller seiner Untertanen bestimmte, und nannte ihn Königsarznei.

In den drei Kulturen, die Europa geprägt haben, spielt der Wein eine zentrale Rolle. Von Noah wird im Ersten Buch Mosis berichtet, daß er Weinberge pflanzte, »und da er des Weins trank, ward er trunken und lag in der Hütte aufgedeckt«. Der jüngste Sohn, der ihn findet und »seines Vaters Blöße« sieht, wird dafür verflucht. Auch die zweite Beschreibung eines Vollrauschs, die wir der Bibel verdanken, steht im Zusammenhang mit dem Bruch eines sexuellen Tabus. Weil sie nach dem Untergang Sodoms und Gomorras Angst hatten, keinen Mann mehr zu finden, der sie beschlief, gaben Lots Töchter ihrem Vater Wein zu trinken; dann legten sie sich zu ihm, ohne daß er es merkte, und wurden beide schwanger. Der anderen großen Wüstenreligion machte der Weinrausch übrigens genauso zu schaffen; gläubigen Muslimen ist der Genuß von Wein bekanntlich noch heute untersagt. Dafür können sie sich um so mehr auf das Paradies freuen: In den »Gärten der Wonne« gibt es reife Früchte, frisches Wasser und »Bäche von Wein, von dem niemand berauscht wird«.

Die Griechen wußten die Wirkung des Weins offenbar besser einzuschätzen. Dionysos, der die Reben aus Indien mitgebracht hatte, bekränzte sich die Schläfen mit Efeu, weil die kühlen, glatten Blätter den Rausch von vornherein milderten. Im Neunten Gesang der Ilias erfährt der Leser, daß der göttergleiche Achill mit Wein großgezogen wurde; Odysseus und seinen Gefährten gelingt die Flucht aus der Höhle des Polyphem, nachdem sie den einäugigen Riesen zuvor betrunken gemacht haben. Daß jener Diogenes im Faß allerdings »so lange an den Weinflaschen zu sutzeln pflegte, bis er in eine vollkommene Sau verwandelt war«, scheint mir mehr der Phantasie des spätbarocken deutschen Kompilators zu entsprechen als der Wirklichkeit. Der Rausch wird in Griechenland ja nicht um seiner selbst willen gepriesen, er dient der Steigerung des Lebensgefühls und der Abwehr dunkler Mächte. Gibt es Pralleres und Freudigeres als die Satyrn und Mänaden, die auf den Vasen verzückt mit ihren Thyrsosstäben vor der Weinkelter herumspringen?

Dem gegenüber steht »der wahre Weinstock«, jene Religion, die sich bei uns durchgesetzt hat. Sie ist in manchem gar nicht so lebensfeindlich, wie man oft meint, und was den Wein betrifft, kann man aus dem Neuen Testament sogar lernen. Wer zum Beispiel nicht weiß, ob er seinen Gästen erst den guten und dann den weniger guten Wein kredenzen soll oder umgekehrt – vom guten gibt es immer zuwenig –, denke an die Hochzeit von Kanaa. Als der Wein des Brautvaters aufgetrunken war, eilte Jesus, sein Wunder zu vollbringen und Wasser in Wein zu verwandeln. Nicht in irgendeinen gewöhnlichen Wein, versteht sich, sondern in den besten, den die Gäste je getrunken hatten, und darüber wunderten sie sich, denn normalerweise, so sprachen sie, schenke man den guten Wein doch zuerst aus. Das ist noch heute so, weil man auch heute noch davon ausgeht, daß nach ein paar reichlich genossenen Flaschen auch ein weniger guter Wein gut wird. Wer argumentiert, Jesus habe selbst von diesen einfachsten Dingen nicht viel verstanden, irrt. Denn wäre es ein Wunder gewesen, wenn er schlechten Wein gemacht hätte?

Das Bild vom Weinstock – »ich bin der Weinstock, ihr seid die Reben« –, die Verwandlung von Brot und Wein in Leib und Blut Christi und nicht zuletzt die blutenden Wundmale des Gekreuzigten waren für die Mystiker des christlichen Mittelalters begehrte Topoi. Das Verlangen nach Christus, das kaum noch verhüllte sinnliche Begehren, hat im 13. Jahrhundert Mechthild von Magdeburg dichterisch komprimiert:

Da stunden
offen seine Wunden
und ihre Brüste.
Die Wunden gossen,
die Brüste flossen
also, daß die Seele
lebendig ward und gar gesund,
als er den blanken roten Wein
goß in ihren roten Mund.

Der Mann, der den Deutschen die Lust am Wein beinahe ausgetrieben hätte, hieß Martin Luther. In seiner
Auslegung des 101. Psalms schrieb er 1534, ein jegli-
ches Land habe seinen eigenen Teufel. »Unser deutscher Teufel wird ein guter Weinschlauch sein und muß
Sauff heißen, daß er so dürstig und hellig ist, der mit so
großem Saufen Weins nicht kann gekühlt werden. Und
wird solcher ewiger Durst Deutschlands Plage bleiben
… bis an den jüngsten Tag. Es haben gewehret Prediger
mit Gottes Wort, Herrschaften mit Verbot. Aber der
Sauff bleibt ein allmächtiger Abgott bei uns Deutschen.« Das scheint mir wahr gesprochen, und daher
ist es unerfindlich, wie Voß 1777 in seinem Trinklied
›An Luther‹ behaupten konnte, der Spruch »Wer nicht
liebt Weib, Wein, Gesang,/ Der bleibt ein Narr sein
Leben lang« gehe auf den Reformator zurück. Wein und
Weib bilden übrigens eine stehende Verbindung, aus
Gesang wird bisweilen Würfelspiel; dann sind es drei
W, die bringen »viel Pein«, nämlich: Weiber, Würfel-
spiel und Wein.

Auch kluge Köpfe haben den Wein, insbesondere seinen Genuß durch Deutsche, skeptisch beurteilt. Michel de Montaigne, dem man als späterem Bürgermeister von Bordeaux immerhin einigen Sachverstand zubilligen muß, stellte auf einer Reise durch Deutschland 1580 fest: das Saufen sei der Deutschen größte Lust. Französischer Sitte hingegen entspreche es, nur zweimal am Tag, nämlich zu den Mahlzeiten, Wein zu trinken, und auch dann nur mäßig. Früher sei in Frankreich mehr gegessen und getrunken worden, aber dies habe auf Dauer sowohl den Magen als auch die Liebeskraft geschwächt. Der wahre Grund für die von Montaigne gepriesene Zurückhaltung der Franzosen dürfte freilich in einem Erlaß Karls IX. zu suchen sein, der während einer Hungersnot wenige Jahre zuvor auf zwei Dritteln der Weinfelder im Königreich die Rebstöcke hatte ausreißen lassen und statt dessen Getreide anzubauen befahl.

Adolph Menzel war offenbar weniger hypochondrisch veranlagt. Wenn wir den Beobachtungen Alfred Kerrs glauben dürfen, verstand er einiges vom guten Essen und Trinken. Um die Rüstigkeit des Alten zu ermessen, so Kerr in seinen Briefen aus der Reichshauptstadt 1895, müsse man ihm abends um halb elf in seiner Weinstube in der Potsdamer Straße zuschauen. Eine geschlagene Stunde sitze er da und speise, »mit frisch geröteten Backen und blitzenden Augen … als ob er eben vom Hanteln oder Turnen käme«. Allein die Art, wie er seinen Wein trinke, offenbare den Kenner, er »kaue« ihn nämlich. Unter den Geschenken zu Menzels bevorstehendem 80. Geburtstag sei hoffentlich »eine kostbar-einsame Flasche, wie sie bei seltnen Anlässen aus Bremen nach Berlin bugsiert werden. Ich möchte ihn dann sehen, wie er sie austrinkt.«

Der Streit darüber, welche Nation in Europa die versoffenste sei, hat den großen Göttinger Gelehrten Georg Christoph Lichtenberg 1773 veranlaßt, einen »patriotischen Beitrag zur Methyologie der Deutschen« zu verfassen, eine Aufstellung von 144 Redensarten, die Trunkenheit eines Menschen zu bezeichnen. Einige kennen wir noch heute, andere sind uns völlig unverständlich geworden, wieder andere könnten wir möglicherweise neu beleben, etwa: Er kann nicht mehr über den Bart spucken, oder: Er ist so voll, daß er es mit den Fingern im Halse fühlen kann.

Den schönsten Ausdruck für Trunkenheit hat Lichtenberg allerdings übersehen. Er findet sich erstmals 1716 und lautet: Beim Wein geht die Zunge auf Stelzen.

Der deutsche Riesling – eine fast philologische Liebeserklärung

Welche Würze des Geruches, welchen Namen lege ich dir bei, du lieblicher Duft, der aus den Römern aufsteigt?

Wilhelm Hauff

Sie heißen Würzgarten, Frühlingsplätzchen oder Goldtröpfchen, und ihre Schildchen sehen aus, als wären sie vom Pudelfriseur entworfen. Wohl in keiner anderen Branche hätten Produkte, die so dreist an den letzten Kegelausflug erinnern, eine Chance, in der nächsten Saison noch einmal angeboten zu werden. Selbst die Milchtüte bei Aldi hat mehr Schwung als das Etikett eines deutschen Qualitätsweins. Die Schildchen von Schloß Johannisberg lassen vermuten, daß sie beim Regierungsjubiläum Seiner Majestät des Kaisers zum letzten Mal graphisch überarbeitet wurden, und Maximin Grünhäuser erinnert eher an einen Sommerfrischeprospekt aus Zwiesel im Bayerischen Wald. Zwar kann man sich in Weinfragen, insbesondere wenn es um deutschen Wein geht, gut an den Briten orientieren, die solche Etiketten schön altmodisch, nostalgisch-würdevoll oder auch skurril finden, aber in einer Zeit, die jeden Schnörkel für überflüssig und jede Reminiszenz an die Vergangenheit für atavistisch hält, schadet dem deutschen Wein nun einmal nichts mehr als das deutsche Etikett.

Verschiedene Abstufungen von Grün und Braun, viel Gold, viel Wappengetier, unter Verwendung möglichst unterschiedlicher Letterntypen, groß, klein, kursiv: das versprüht den Charme der DKW-Werbung der fünfziger Jahre. Wenn ein solches Produkt Nacktarsch, Wildsau oder Leckzapfen heißt, mag die Sache ja in Ordnung gehen, solche Weine haben nichts Besseres verdient, als für 3,99 bei Penny auf der Palette zu versauern. Leider tragen die Weine, die es wert sind, daß man sich ihrer annimmt – meine Zuneigung kommt in der Regel darin zum Ausdruck, daß ich die Flasche austrinke –, ähnlich verdächtige Namen. Domprobst, Jesuitengarten, Hergottsacker klingt verdächtig katholisch und irgendwie gefährlich nach Kopfweh. Kurz gesagt: der deutsche Wein leidet nicht nur an einer veralteten graphischen Gestaltung, sondern auch daran, daß wir uns in allem, was schick ist, heute gern das Flair des Internationalen geben und lieber Gefahr laufen, Montrachet falsch auszusprechen, als im Restaurant nach einem Eitelsbacher Karthäuserhofberg zu fragen. Hätten unsere vorzüglichen Lagen nicht so verrückt komische Namen, stünde der deutsche Wein heute womöglich ganz anders da.

In der Liebe zum deutschen Wein liegt deshalb auch ein Stück Liebe zur deutschen Sprache. Da gibt es zum Beispiel ganz prächtige harte Fügungen. Rechbächel, Böhlig, Gerümpel heißen drei vorzügliche Lagen in Wachenheim, Baiken, Gehrn und Wülfen sind die Spitzen von Rauenthal, und an der Mosel fallen mir Filzener Pulchen und Filzener Urbelt, Ockfener Bock-

stein oder Oberemmeler Raul ein. Mit solchen Wein-
namen geht es mir wie mit manchen Gedichtzeilen, die
mir aufgrund ihres Wohlklangs mit schöner Regel-
mäßigkeit in den Sinn kommen, ohne daß ich sie je ganz
erfaßt hätte. »Am Abendhimmel blühet ein Frühling
auf.« Na schön, sage ich mir, wie soll ein Sterblicher
das verstehen, öffne eine Flasche Schloßböckelheimer
Kupfergrube und schließe aus dem Kupferglanz im
Glas, daß es an der Nahe offenbar bereits Herbst geworden ist.

Marcel Proust hat im dritten Teil von ›Swanns Welt‹
über die magische Wirkung von Ortsnamen geschrieben, über den geheimnisvollen Zusammenhang von
Namen und Orten. »Ich brauchte, um sie ins Leben zu
rufen, nur die Namen auszusprechen: Balbec, Venedig,
Florenz, in denen das Verlangen nach den durch sie
bezeichneten Orten im voraus aufgespeichert lag … Sie
gaben mir von gewissen Stätten der Erde eine über-
steigerte Vorstellung ein, indem sie sie einzigartiger
machten und ihnen etwas wie eine erhöhte Wirklichkeit
verliehen.« Wunderliche Silben schienen irgendeinen
alten, nicht mehr bestehenden Brauch wachzurufen,
eine ungewöhnliche Abfolge von Vokalen bewahrte die
Erinnerung an eine bestimmte Örtlichkeit in ihrem
ursprünglichen Zustand. So geht es mir mit manchem
deutschen Wingert.

Die Sprache des Weins hat's in sich. Aber wie soll
man das den Japanern klarmachen, die vor einigen
Jahren das führende Weingut in Kiedrich übernommen
haben? Man ist ja schon dankbar, daß bei der Neu-
gestaltung der Dr. Weilschen Etiketten keine japani-

schen Schriftzeichen verwendet wurden. Nur bei der Mischung der Farbe Blau sind offenbar ein paar fernöstliche Pigmente zuviel verwendet worden. Ansonsten blieb alles beim alten, ja die Marketing-Strategen griffen sogar auf noch ältere Muster zurück. Aber dennoch – oder gerade deswegen – kommen mir die Flaschen von Robert Weil irgendwie japanisch vor. Es geht mir wie weiland den Engländern, die während des Boxeraufstands auf chinesischen Teedosen lesen mußten (in Chinesisch natürlich): »3. Wahl für Christenhunde«. Nur, wer ist heute der Chinese?

Längst nämlich werden viele der besten deutschen Weine außerhalb Deutschlands, vorzugsweise in den USA und Fernost, getrunken. Bernd Philippi vom Weingut Koehler-Ruprecht in Kallstadt etwa fliegt für eine Präsentation seiner Weine schon einmal nach Singapur oder Bangkok. Dort rümpft niemand die Nase oder grinst, nur weil Philippis Filetstück Saumagen heißt. Am anderen Ende des besseren Teils der Pfälzer Weinstraße nennen sie die Lagen, nicht weniger ulkig, Gimmeldinger Meerspinne oder Mußbacher Eselshaut. Das liegt schon ziemlich nahe bei Dada und könnte direkt aus der Werkstatt von Kurt Schwitters stammen – aber die Asiaten sind bekanntlich höfliche Menschen.

In Deutschland läßt sich mit solchen Namen kein Staat mehr machen. Heppenheimer Centgericht oder Rüdesheimer Berg Schloßberg, Victoria-Berg oder Doktor: zuviel Wilhelminismus, zuviel Deutschtümelei. Ganz abgesehen von dem christlichen Eiapopeia: Kirchenstück, Domdechaney, Hölle heißen allein die drei Spitzenlagen in Hochheim. »Viele deutsche Winzer räumen inzwischen ein«, schrieb das Fachblatt ›Alles über Wein‹ im Herbst 1996, »daß sie die Lagenbezeichnungen nur mit Rücksicht auf ›emotional‹ geprägte Kundenwünsche beibehalten. Mit Lagenangaben mutet eine Weinbezeichnung eben ›deutscher‹ an als ohne.« Das heißt im Klartext: Ohne Lagebezeichnung könnten wir, die deutschen Winzer, endlich auch der jungen Generation etwas bieten.

Es stimmt schon: die Trinkgewohnheiten der Deutschen haben sich verändert. Die Republik ist zum größten Weinimporteur der Welt geworden, jede zweite hierzulande getrunkene Flasche kommt inzwischen aus dem Ausland. Fragt man nun, wann und an welchen Orten welche Weine getrunken werden, ergibt sich eine höchst aufschlußreiche Unterscheidung. Während Franzosen oder Italiener ihren Wein vor allem zum Mittag- oder Abendessen und außerhalb des Hauses trinken, trinken die Deutschen am liebsten in ihren eigenen vier Wänden und nach dem Essen, und dabei bevorzugen sie in der Mehrheit noch immer deutsche Weine. Umgekehrt werden draußen, in der Öffentlichkeit, überwiegend ausländische Weine bestellt. Das ist sicher nicht hinreichend damit zu erklären, daß die deutschen Etiketten den Anforderungen gewöhnlicher Weintrinker nicht gerecht würden, sondern hat mit dem Selbstverständnis derer zu tun, die nicht gern zu Hause herumhocken, und ist deshalb in erster Linie ein Generationenproblem.

Eine junge Generation braucht einen jungen Wein, einen Wein, mit dem sich grenzüberschreitende Gesinnung ebenso demonstrieren läßt wie Gleichförmigkeit des Geschmacks. Die Deutschen gehen mit leuchtendem Beispiel voran, und so ist vielen schon die bräunliche Farbe der Flaschen verdächtig. Die Nazis haben den deutschen Wein doch bestimmt als tausendjähriges Kulturgut geschätzt, und war nicht der Erfinder der Deutschen Weinstraße Gauleiter Bürckel persönlich? Ende der achtziger Jahre – der Begriff political correctness war noch gar nicht erfunden – lehnte es die ›Frankfurter Rundschau‹ ab, eine Anzeige der Staatsweingüter zu veröffentlichen, weil deren Signet, ein Adler mit breitgestreckten Schwingen, allzusehr an die Hoheitszeichen des Dritten Reiches erinnere. Bestenfalls verströmen die Etiketten von Mosel und Rhein den Mief der Adenauer-Ära. Daß der erste Bundeskanzler sich gern weinselig gab, hat der Entwicklung des deutschen Weins auf lange Sicht wahrscheinlich mehr geschadet als der Pierothsche Zuckerskandal.

Um so begieriger nach deutschen Weinen ist man dort, wo man gar nicht weiß, wer Adenauer war. Manche Scharzhofberger Beerenauslese, manche langkapselige Sonnenuhr steht heute in den Edelweinboutiquen von New York oder Hongkong. Die einschlägigen Läden finden Sie in der Regel zwischen Gucci und Louis Vuitton. Die Mühsal, die es erfordert, die Geduld, die es braucht, eine solche Flasche herzustellen, ist der Arbeit an einem guten Lederkoffer ja auch durchaus vergleichbar.

Am Ende aber zählt nicht der Schweiß im Wingert, sondern der Name des Labels: auf die Marke kommt es an. Ich weiß nicht, wer im Herbst 1997 für eine Flasche 95er Kiedricher Gräfenberg Trockenbeerenauslese von Robert Weil DM 3 795,– gezahlt hat, aber ich fürchte, er hat die Flaschen erstanden, um sie eines Tages für ein Vielfaches bei Christie's versteigern zu lassen, und dafür, daß er sie nicht selber trinkt, treffe ihn schon heute der Bannstrahl.

Das miserable Marketing des deutschen Weins wurde und wird landauf landab immer wieder bedauert. Aber was bedauert man eigentlich? Daß zu wenig deutscher Wein verkauft wird? Daß es schwierig ist, guten deutschen Wein an den Mann zu bringen? Daß deutscher Spitzenwein nicht die ihm gebührende Aufmerksamkeit findet? Wer so klagt, sollte sich einmal ausmalen, was es bedeuten würde, wenn noch mehr deutsche Toplagen, von dynamischen Jungmanagern im global-village-Stil gnadenlos geliftet, plötzlich als Statussymbole in alle Welt gingen. Der deutsche Hausfreund käme dann mit Mühe gerade noch an eine Flasche Kabinett aus mittlerem Jahrgang und dürfte sich schon glücklich schätzen, wenn der annähernd so schmeckt wie ein Riesling-Kabinett aus dem Keller seines Großvaters. Die raren Fläschchen aber, die vom Markt verschwinden, sobald sie in den einschlägigen Listen mit der entsprechenden Punktezahl auftauchen, könnte unser Freund wohl nur noch in Übersee bestaunen – bezahlen könnte er sie nicht mehr.

Es ist ganz und gar nicht einzusehen, daß die Italiener alles zu Geld machen, was sich schön verpacken läßt, während Deutsche offenbar nur deshalb ins Hintertreffen geraten, weil sie sich unvorteilhaft präsentieren. So jedenfalls dachten ein paar pfiffige Winzer im Rheingau Mitte der achtziger Jahre und begannen damit, ihren Weinen ein neues Image zu verpassen: schlanke Flaschen, freundliche Farben, neutrale Namen. »Charta« nannte sich das Ganze, und am Ende gab's natürlich auch einen schlanken, freundlichen Wein, charakterlos-neutral, verschnitten nach den Bedürfnissen der Gastronomie. Die Aktion wäre beinahe der Anfang vom Ende einer ganzen Weinbauregion geworden. Im rheinhessischen Nierstein, ein paar Kilometer flußaufwärts, ging ein Kollege gleich aufs Ganze und verkaufte »Riesling italienischer Art«. Da in Italien leider kein Riesling gedeiht, suchen deutsche Winzer ihre Verbündeten im Feldzug gegen Pinot Grigio und Chardonnay neuerdings in Australien und Neuseeland.

Trocken, trocken, trocken, lautete die Parole, als ob sich Spitzenriesling zu solchem Ausbau eignete. Fünfzehn Jahre zuvor konnte der Saft gar nicht süß genug sein, so daß mancher Winzer des Nachts heimlich nachhalf. Das Auf und Ab der Geschmacksvorlieben war dem deutschen Wein jedenfalls nicht hilfreich. Aber wie soll er auch mithalten angesichts der beeindruckenden Phalanx immer neuer Barmixer-Kreationen? Gegen die Soave-Welle, die anschließende multinationale Chardonnay-Offensive und zuletzt den Pinot-Grigio-Unfug habe ich an öffentlichen Plätzen immer gern mit einem vollen Glas Veltliner angetrunken, bis auch der nicht mehr satisfaktionsfähig war. Einen deutschen Riesling zu bestellen – wenn es den überhaupt auf der Karte gab – hätte ich mich überwinden müssen: nicht nur, weil ich mich für das, was ich trinke, genausowenig rechtfertigen möchte wie für die Menge, sondern weil der in einer durchschnittlichen Schankwirtschaft der norddeutschen Tiefebene angebotene deutsche Wein nur selten Mittelmaß erreicht.

Um so freudiger würde ich die eine oder andere Rarität aus meinem Keller gern mit Gästen entkorken, könnte ich mir nur sicher sein, daß die Gäste nicht vom Chardonnay-Fieber angekränkelt sind. Haben Sie schon einmal versucht, eine Tischgesellschaft nördlich des 50. Breitengrads für eine deutsche Auslese zu begeistern? Als würde man Sake servieren. »Etwas süß«, ist noch der mildeste Ausdruck, am liebsten würde man das Zeug heimlich unter den Tisch kippen. Ich jedenfalls habe es irgendwann aufgegeben, meine Freunde zu deutschem Wein zu bekehren. Seither gieße ich ihnen die Gläser randvoll mit welschem Fusel, während ich selber mein Glas auf den deutschen Bacchus erhebe und im stillen Stefan George zitiere: »des edlen edelstes gedeiht nur hier«.

Das hat er wirklich geschrieben. Und er hatte nicht einmal unrecht, dieser Weinbauernsohn aus Büdesheim, der aus den internationalen Weingeschäften des Bruders nicht nur eine gewisse Weltläufigkeit, sondern wohl auch sein Grundeinkommen bezog. Damals jedenfalls, um die Jahrhundertwende, lag der deutsche Wein an der Spitze internationaler Wertschätzung: Nicht nach Burgund und Bordeaux dürstete es die feine Gesellschaft von London und St. Petersburg, ihre Begierde richtete sich auf die hocharistokratischen Gewächse aus Hochheim, Erbach und Schloß Johannisberg. Die Freiherrn von Simmern, die Grafen von Schönborn, die Matuschka-Greiffenclau, Metternich und Preußen, sie alle sitzen wie vor Jahrhunderten zwar noch immer auf ihren herrlichen Gütern, aber inzwischen sitzen sie auch ein wenig auf ihrem Wein.

Steht man auf der Altane von Schloß Johannisberg, kann einen schon die Wehmut überkommen. Der weite Blick über die langgestreckte Rheinebene, deren Umrisse sich im Dunst des Horizonts allmählich verflüchtigen, zählt für mich zu den großartigsten Nord-Süd-Panoramen, die sich denken lassen, fast scheint es, als hätte man den gesamten Süden bis an die Alpen zu Füßen. Von dort kommt der Rhein in majestätischer Breite links über Mainz heran; rechts, am äußersten Bildrand, wenn man sich ein wenig über die Brüstung lehnt, verschwindet er zwischen Niederwalddenkmal und Bingen, um sich mühsam seinen Weg zum Nordmeer zu bahnen. Hier, unterhalb von Schloß Johannisberg, wo er bekanntlich schnurstracks von Ost nach West fließt, ist der Rhein gewissermaßen in der Mitte, auf der Höhe seines Ruhms.

Vorbei die aristokratischen Zeiten Stefan Georges, das schnörkellose Etikett der Zukunft ist kundenorientiert. Die Jungstars vom Weingut Georg Breuer im Rheingau haben vorgemacht, wie der deutsche Wein in den nächsten Jahren vermarktet werden dürfte. Die Breuer-Abfüllungen heißen »Georgio«, »GB Riesling«, »Rüdesheim Estate« oder »Georg Breuer Montosa«. Keine Lagenbezeichnung, keine Jahrgangsangabe, keine Qualitätsstufe. Den Winzern von morgen sind keine Grenzen gesetzt. Ein Problem freilich bleibt: das ungeliebte Kind, der deutsche Riesling selbst. Wer das Image nicht verbessern kann, muß eben das Produkt ändern. Was liegt da näher, als die Hänge an Rhein und Mosel, an Saar und Nahe zu roden und dem Rieslingspuk ein für allemal den Garaus zu machen?

Zum Glück gibt es ein paar Winzer, denen der Riesling über alles geht. Dem Dutzend, denen ich vertraue und auf die ich auch dann noch setzen werde, wenn der Anbau von Rieslingtrauben in Deutschland gesetzlich längst verboten sein wird, nehme ich jede Flasche ab. Blind, versteht sich, und in den Zeiten der Prohibition natürlich auch ohne Etikett.

Auf das Wohl der Gäste

*Hol' mich der Teufel, der versteht's, der
schlürft meinen guten Wein auf die Zunge,
wie man einen Dukaten auf die Goldwaage legt.*
Gottfried Keller

Beim letzten Besuch Kaiser Wilhelms II. in Frankfurt am Main geriet die Gastfreundschaft meiner Heimatstadt stark in Verruf. Bürgermeister und Rat hatten zu einem Ehrentrunk in den Römer geladen, es wurde Hochheimer aus dem städtischen Weingut ausgeschenkt, und der Kaiser äußerte sich lobend. Worauf einer der Stadtväter erklärte: »Majestät, das ist noch gar nichts, da sollten Sie einmal die verkosten, die wir im Keller haben.«

Im Zusammenhang mit Wein ist viel von Geselligkeit die Rede, und in der Tat bestimmt die Frage, in welcher Gesellschaft wir unseren Wein trinken, den Grad des Vergnügens mindestens ebensosehr wie die Qualität der Flaschen selbst. Ja, man kann noch einen Schritt weitergehen: Der Wein wird um so besser schmecken, je netter die Runde, je freundlicher die Umgebung ist. Sind wir in der richtigen Stimmung, kann selbst ein Krätzer zum passablen Tischwein avancieren, eine Erfahrung, die jeder schon einmal gemacht hat, der die Ferien gern im Süden verbringt.

Wenn man sich nicht darüber im klaren ist, welchen Wein man seinen Gästen am Abend anbieten soll, kann man eine Kosten-Nutzen-Rechnung zugrunde legen. Die Sache ist ziemlich einfach: Man dividiere den Preis einer Flasche durch den Stellenwert seines persönlichen Verhältnisses zu den Gästen (auf einer Skala von 1 bis 10) und rechne deren Weinsachverstand hinzu. Mit dem niedrigsten Quotienten liegt man am besten. Im Ernst: Man sollte seinen Gästen grundsätzlich einen guten Wein servieren, aber man darf sie auch nicht beschämen. Abgesehen davon, daß ein dickes Label schnell protzig wirkt, ist ein guter Wein nämlich nur gut, solange diejenigen, die ihn trinken, nicht insgeheim nachrechnen, wieviel Spendengelder Greenpeace auf diese Weise wieder entgehen.

Zum Jahresende fahren meine Frau und ich am liebsten zu Freunden nach Oostende und verbringen dort ein paar schöne Tage am Meer. Oostende zählt zu den etwas dubiosen Städten, die offenbar nur gegründet wurden, damit die Belgier ungehemmt ihrer Sinneslust frönen können. Keller voller Hummer, Pralinen zuhauf. Ein paar Tage, bevor wir aus Berlin aufbrechen, stelle ich das Weinprogramm zusammen, drei bis vier Flaschen pro Abend. Ich gehe meine Kellerlisten durch, ohne noch zu wissen, welches Geflügel Oostende diesmal für uns bereithält, und entscheide mich für die Weine, die unsere Freunde am meisten schätzen. Wenn man gute Weine hat, ergibt sich die Zusammenstellung des passenden Menüs wie von selbst.

Wichtiger als die Harmonie des Harten und Gekochten mit dem Flüssigen scheint mir die grundsätzliche Übereinstimmung derer, die um den Tisch sitzen. Das Schöne bei unseren Besuchen in Oostende ist die Selbstverständlichkeit, mit der wir die Flaschen leeren, nach Lust und Laune, wie es sich eben ergibt. Wer für den Wein gesorgt hat, genießt dabei ein ähnliches Privileg wie der Koch des Abends: Er schafft eine der wesentlichen Grundlagen für die allgemeine Heiterkeit und wird dafür reichlich mit Applaus belohnt. Wenn man in glückliche Gesichter schaut, genießt man Wein und Essen doppelt.

»Guter Wein hat diesen Lohn, daß man lange red't davon«, sagt ein altes Sprichwort. Steht eine gute Flasche auf dem Tisch, muß man sich ungeniert darüber verbreiten können. Über die Qualität, über vergleichbare Weine und auch über den Preis. Das ist natürlich nur in vertrauter Runde möglich, wo man nicht gleich als Snob abgetan wird, wenn man eine Flasche für vierzig Mark als Fiasko bezeichnet. Andererseits braucht man, wenn der ausgeschenkte Wein allen köstlich schmeckt, nicht zu verschweigen, daß er von Hertie stammt. Manche Kaufhauskette verfügt im Mittelfeld über ein breiteres und besseres Weinangebot als die preziöse Boutique, und günstiger sind die Flaschen dort allemal.

Es gehört zu den besonders unter Nichtweintrinkern verbreiteten Irrtümern, daß Weintrinken ein Luxus sei, den sich nur Besserverdienende leisten können. Auch ich habe in diesem Buch einige Weine erwähnt, die nicht eben preiswert zu nennen sind, aber unter der Woche, wenn kein Feiertag ist, trinke ich Weine, die im Schnitt zehn oder zwölf Mark kosten. Ich halte mich an eine einfache Regel, die jeden Preis relativiert: Ein Wein, den ich mit Vergnügen trinke, ist sein Geld wert.  Das Mißverständnis jedenfalls, daß guter Wein den besseren Kreisen vorbehalten sei, rührt weniger von den Preisen her als von dem gewaltigen Brimborium rund um den Rebensaft. Der Zugang ist durch zahlreiche Barrieren verstellt, allerlei Reglements und gesellschaftliche Konventionen, die zu überwinden einiges Selbstvertrauen erfordert. Der Rennfahrer Manfred von Brauchitsch berichtet in seinen Lebenserinnerungen von einem »Fliegerball« im Berlin der dreißiger Jahre, daß die Stimmung nach Mitternacht merklich gestiegen sei. »Das zum Zutrunk erhobene Glas mußte dann nicht mehr exakt in Höhe des dritten Uniformknopfes gehalten werden.«

Vor vielen Jahren war ich einmal bei einem Maler eingeladen. Die Gäste waren Schüler des Malers, aufstrebende junge Künstler ohne Broterwerb; außerdem hatte sich ein Immobilienhändler angekündigt, der zu des Malers treuen Kunden zählte. Dieser Mann zog nach dem Essen irgendeinen Hundertmarkwein aus der Rocktasche und erklärte lang und breit, was es mit dieser Flasche auf sich habe; der Gipfel des Vergnügens bestehe darin, mit diesem Wein eine Havanna so anzufeuchten, daß der Wein vom Tabak und der Tabak vom Wein profitiere. Dann hieß er den Maler zwei Gläser holen, schenkte sich und dem Maler ein und begann mit seiner Vorführung. Der Rest der Runde guckte in die Röhre, genauer gesagt, in des Immobilienhändlers Weinglas, in dem sich die Havanna ziemlich schnell auflöste. Dem Meister war das Ganze sichtlich unangenehm, und mir sind Immobilienhändler seither suspekt.

Werden die Weine anspruchsvoller, wachsen auch die Anforderungen an die Mittrinkenden. Wenn er eine seltene Flasche öffnet, die niemand bei Tisch zu würdigen weiß, kann das für den Weinfreund ziemlich deprimierend sein. Also gilt es, für den Abend genau jenen Wein zu finden, der ein wenig über dem liegt, was die Gäste normalerweise trinken. Die Hoffnung, sich auf diese Weise allmählich kompetente Zechkumpane heranzuziehen, ist freilich trügerisch. Wer unterscheidet bei seinen Einladungen schon nach den Autos, mit denen die Gäste vorfahren?

Bleibt der Fanclub. In Weinkreisen nennt man das zwar anders, aber die Regeln sind ähnlich. Distinguierte Herren hängen sich Blechschalen, sogenannte Tastevins, um den Hals, legen ihre rebenverzierten Manschettenknöpfe an und begeben sich zu sogenannten fights, wo ehrwürdige Magnums zu einem Kampf nach Punkten antreten. Weil ich mich vor den Ritualen solcher Runden fürchte, gehe ich auch zu Weinproben selten und immer mit gemischten Gefühlen. Einerseits gibt es kaum bessere Gelegenheiten, neue Weine kennenzulernen, sie mit denen, die man schon kennt, zu vergleichen und so seinen Geschmack zu bilden. Andererseits kann das Publikum oft ziemlich nervtötend sein. Da stehen die herrlichsten Lagen von Nuits-St-Georges auf dem Tisch, und plötzlich schwärmt einer der Anwesenden von seinem letzten Besuch an der Ahr, wo ebenfalls Rotwein wachsen soll. Es gibt vertikale Weinproben, bei denen ein bestimmter Wein oder der Wein einer bestimmten Lage von den jüngeren Jahrgängen hinunter zu den älteren getrunken wird, und es gibt horizontale Proben, bei denen Weine aus demselben Jahrgang im Wettbewerb miteinander stehen. Die Blindproben aber, bei denen mit verdecktem Etikett ausgeschenkt wird, sind die gefährlichsten. In einem allgemeinen Palaver über das Bouquet von Brombeeren, Johannisbeeren und sonstigen Beeren setzt jeder seinen Ehrgeiz darein, den jeweiligen Wein als erster zu identifizieren. Eine Stimmung wie beim Glücksrad: Einer wird gewinnen.

Ich erinnere mich an eine Blindverkostung von 86er Bordeaux. Einer der Teilnehmer hatte sein Kommen davon abhängig gemacht, daß auch Mouton-Rothschild ausgeschenkt wurde. Acht oder zehn Runden waren vorgesehen, und bereits in der ersten Runde schwärmte der Kenner: »Das ist Mouton.« Runde für Runde wiederholte er diesen Unsinn, und der Veranstalter des Abends, ein höflicher Mensch, ging jedesmal darauf ein: Nein, das sei nicht der Mouton, aber er verstehe, was gemeint sei, auch er schmecke eine gewisse Verwandtschaft beim Zedernholz. Als in der letzten Runde der Mouton-Rothschild serviert wurde, war das Interesse des Connaisseurs längst erloschen.

Wer ab und zu gern eine Flasche Wein trinkt, steht oft ziemlich ratlos vor den Regalen unserer Weingeschäfte. Nichts ist wiederzuerkennen, wo er sich doch gerade erst mühsam eingeprägt hat, worauf es bei den verschiedenen Etiketten ankommt. Aber statt zu experimentieren, auszuprobieren, eigenen Geschmack zu entwickeln, vertrauen diejenigen, die es sich leisten können, auf das, was als schick gilt. Unsicher in ihrem Urteil bleiben sie dennoch. Verständlicherweise tut die Weinindustrie alles, um bei solchen Kunden einen Mangel an Selbstbewußtsein gar nicht erst aufkommen zu lassen und den fehlenden Sachverstand durch Prestigezuwachs auszugleichen. So entsteht jene merkwürdige Angespanntheit, die im gesellschaftlichen Verkehr zu beobachten ist, sobald unter Leuten vergleichbarer Sozialisation das Gespräch auf den Wein kommt.

Neulich wollte ich einem Freund einen Korkenzieher schenken. Dabei fiel mir einer jener Schöner-wohnen-besser-leben-Versandkataloge in die Hand, die Stil und Geschmack für Anspruchsvolle verkaufen. Gewisse Ansprüche habe ich auch, dachte ich und begann zu blättern. Da gab es extravagante Flaschenträger mit Spiralgriff für stilvolles Eingießen, magische Flaschenwiegen und edle Flaschenkühler, exklusive Dekantiermaschinen mit schwenkbarer Kerze, zinnerne Weinjahrgangskalender als Briefbeschwerer und Krawattenklammern mit appliziertem Korkenzieher samt Pinsel – alles formschön, elegant und praktisch. Richtig ins Staunen kam ich bei der Duftorgel »Le Nez du Vin«. In einer Art Vertreterkoffer stehen 52 Gläschen mit den wichtigsten im Wein enthaltenen Aromastoffen. »Verblüffen Sie Freunde und Bekannte durch Ihr fachkundiges Urteil«, warb der Katalog, und ich stellte mir vor, wie wir abends um den Tisch sitzen, abwechselnd am Wein und an den Gläschen schnuppern und mindestens soviel Freude haben wie beim Monopoly.

Aber für welchen Stoppelzieher sollte ich mich entscheiden? Das Kellnermesser aus »chirurgenhartem Stahl« gefiel mir zwar recht gut, war aber technisch nicht auf der Höhe des von einem texanischen Ölbohringenieur und NASA-Berater entwickelten »Screwpull«. Der wiederum konnte es nicht mit »Leverpull«, dem »definitiven Korkenheber für Profis«, aufnehmen, bei dem zwei leichte Bewegungen genügen, auch die widerspenstigste Flasche zu öffnen. Beim Spangenkorkenzieher braucht der Korken gar nicht erst angebohrt zu werden, der Luftdruck-Korkenzieher läßt garantiert keinen Korken abbrechen, und der Akku-Korkenzieher, der per Knopfdruck bedient wird, ermöglicht das Öffnen ohne jede Kraftanstrengung. Das Modell »Nachtflug« wird mit zwei austauschbaren Spindeln geliefert, einer für normale, trockene Korken und einer Sonderspindel für die brüchigen alten. »Seinen Ruheplatz findet ›Nachtflug‹ in einer hochwertigen Halterung aus massivem Buchenholz.« Der Perfektion der verschiedenen Techniken zum Trotz hätte ich mich am Ende fast für das unbrauchbare Deko-Set historischer Korkenzieher entschieden, zwölf Repliken, die, in einem Holzrahmen an der

Wand angebracht, »ein eindrucksvolles und immer wieder schön anzusehendes Kunstobjekt« darstellen. Nur der Preis von DM 1 350,– schreckte mich ein wenig.

Das Geschäft mit den Accessoires blüht, weil sich der Schnickschnack hervorragend dazu eignet, exklusiven Lebensstil, Kenntnis und Wohlstand zu demonstrieren. Manchmal geht es dabei auch um den Wein, aber nicht immer bekommt es ihm. Ein gutes Beispiel ist der Kult um die Karaffen. Es gibt sie in allen möglichen Ausführungen von rustikal bis Louis XIV. Gewiß sorgt eine mit Rotwein gut gefüllte Kristallkaraffe auf einer festlichen Tafel mit Kerzenlicht für mehr Wärme und Behaglichkeit als eine angestaubte Flasche aus dem Keller. Aber diesen ästhetischen Aspekt sollte man strikt trennen von der unter Weinspezialisten heftig umstrittenen Frage nach den Vor- und Nachteilen des sogenannten Dekantierens. Hat sich Depot gebildet, empfiehlt sich das Dekantieren, weil die Ablagerungen bei sorgfältigem Umfüllen in der Flasche zurückbleiben. Hier aber endet der Konsens schon, der Rest ist Chemie.

Läuft der Wein gluckernd in die Karaffe, wird ihm eine Menge Sauerstoff zugeführt, und die gegenüber dem Flaschenhals sehr viel größere Oberfläche, die er in der Karaffe bedeckt, sorgt für weitere Luftzirkulation. Wein muß atmen, heißt es, und sowohl kräftige alte als auch tanninreiche junge Weine können auf diese Weise gewinnen, indem sie sich öffnen. Anderen, insbesondere den fragilen alten, ist das Verfahren oft abträglich, sie neigen dann dazu, ihren Geist aufzugeben. Für die meisten Weine bedeutet es freilich kaum einen Unterschied, ob man sie dekantiert oder nicht. Nur sollte man die Flasche rechtzeitig öffnen: Anderthalb Stunden, bevor man sie trinken will, halte ich für eine gute Spanne, die volle Weine zur Entfaltung bringt und den feineren nicht gefährlich werden kann; wird dekantiert, genügt meist eine halbe Stunde. Im Zweifelsfall wird man sich gegen das Dekantieren und für ein möglichst spätes Öffnen entscheiden.

Mehr Aufmerksamkeit widme ich der Frage der Temperatur. Auch hierzu liefert die einschlägige Literatur ein unüberschaubares, höchst kontroverses Regelwerk, dem nachzueifern jegliche Sinneslust abtötet. Es dürfte befremdlich auf Ihre Gäste wirken, wenn Sie jede Viertelstunde um den Tisch gehen und Ihr Weinthermometer in die Gläser stecken. Indes bleibt festzuhalten, daß Weißwein in Deutschland meist zu kalt, Rotwein oft zu warm angeboten wird. Die Temperatur sollte man jedoch nicht nach der Farbe des Weins, sondern nach seiner Qualität bestimmen – und nach der Jahreszeit. Auf einer Sommerterrasse kann ein halbtrockener spritziger Kabinett von der Mosel oder ein Vouvray (einer der oft unterschätzten Weißweine von der Loire) gar nicht kühl genug sein (jedoch nie weniger als 6°), und wenn draußen die Kälte klirrt und Sie eine Weihnachtsgans servieren, verträgt auch ein junger Chianti oder ein Côtes du Rhône Villages ein paar Grad mehr als die empfohlenen 12 bis 15 Grad. Je gehaltvoller, reifer und feiner ein Wein, desto weniger kalt trinke ich ihn, große

Weiße bei etwa 10 bis 12 Grad und darüber (also Keller-, nicht Kühlschranktemperatur), große Rote bei etwa 16 bis 18 Grad (also deutlich unter dem, was die meisten Menschen in Mitteleuropa unter Zimmertemperatur verstehen). Am heikelsten sind weiße Spitzenburgunder und deutsche Rieslinge im Auslesebereich: Während sie noch bei 8 oder 9 Grad bisweilen verschlossen bleiben, können sie bei 13 oder 14 Grad schnell pappig wirken.

Am unkompliziertesten scheint mir die Wahl des Glases. Auch wenn kunstvoll geschliffene alte Kristallgläser oft viel Charme haben und den festlichen Charakter einer großen Tafel unterstreichen, ist mein ideales Glas doch dünnwandig und von klarer glatter Oberfläche, damit der Wein Farbe bekennen kann, groß genug, damit das Glas nur in etwa zur Hälfte gefüllt werden muß, leicht bauchig und mit einem gehörig langen, aber nicht zu langen Stiel versehen. Ein solches Glas läßt sich gut schwenken, so daß – wichtigstes Kriterium eines Glases – die Blume zur Geltung kommt. Alles übrige fällt unter die Rubrik persönlicher Geschmack. Ich benutze seit vielen Jahren das Chianti-Glas aus der Vinum-Serie der österreichischen Firma Riedel und trinke daraus mit Vergnügen alles, was mir schmeckt, rote und weiße, alte und junge. Das handgeblasene, im übrigen aber fast gleiche Bordeaux-Glas der Serie Sommelier ist sicherlich um einiges eleganter, leichter, klingender, aber in der Spülmaschine verliert es schnell an Glanz, und wer will schon jeden Tag abwaschen. In meinen Augen machen nur

drei Weine besondere Gläser erforderlich: alle Dessert-
weine einschließlich deutscher Auslesen, deren Konzentration in einem kleineren Korpus gut zum Ausdruck
kommt, rote Burgunder, deren Blume sich in großen kreisrunden Kelchen am besten entfaltet, und
Champagner, für den schmale, oben leicht nach innen
gewölbte Gläser besser sind als alle Schalen, Kelche
und Flöten.

Im Zusammenhang mit Sekt und Champagner sei auf
eine doppelte Unsitte hierzulande hingewiesen. Erst
läßt man die Korken mit viel Aplomb an die Decke
knallen, anschließend versucht man, mit den Gläsern
anzustoßen. Es klingt ziemlich hohl. Haben Sie sich
schon einmal gefragt, warum selbst den schönsten
Champagnergläsern kein Ton zu entlocken ist? Wegen
der Kohlensäure. Auch beim Einschenken von Champagner gibt es oft genug Komplikationen, meist laufen
die Gläser über. Wie man es formvollendet macht, hat
Peter Mayle bei einem Besuch in der Champagne erfah-
ren, bei dem mehrere Magnumflaschen »mit makelloser
Zielgenauigkeit und absolut sicherer Hand« einge-
schenkt wurden. »Der Magnumexperte hält die Flasche
nicht am Hals, er faßt sie auch nicht um die Hüfte, sondern hält sie von unten, mit dem Daumen in dem tiefen
Grübchen an der Basis. Der Arm wird in seiner vollen
Länge ausgestreckt und der Champagner mit solcher Gleichmäßigkeit und Präzision entleert, daß der
Schaum genau am Rand des Glases haltmacht. In An-
betracht des beachtlichen Gewichts einer solchen
Flasche, des bescheidenen Durchmessers eines Cham-
pagnerglases, des wilden Temperaments des Weines und

des Ausgießens auf Armeslänge entfernt scheint dieses Ritual äußerst riskant. Ich kann mir die feuchten Spuren vorstellen, die *ich* hinterlassen würde.«

Zu Anfang, als ich den Fragen des Dekantierens und Temperierens noch wirkliches Gewicht beimaß, war ich bei Restaurantbesuchen oft besorgt, daß der bestellte Wein nicht richtig gehandhabt würde. Es mag paradox klingen, aber je länger ich mich mit dem Wein beschäftigte, desto laxer bin ich geworden. In den ersten Jahren zog ich, wie seinerzeit bei Klassenarbeiten, meine Spickzettel unter der Serviette hervor. Auf zwei mit winziger Schrift doppelseitig eng beschriebenen Karteikarten hatte ich alle Informationen über die von mir favorisierten Weine zusammengetragen: sämtliche Jahrgänge zurück bis 1970, Parker-Punkte, Trinkreife. Aber so wie ich bei Mathematikarbeiten ab Obersekunda aus Verzweiflung die Sache abkürzte, indem ich das leere Blatt mit »ungenügend« unterschrieb und zurückgab, so juckt es mich noch heute bei mancher Weinkarte in den Fingern. Viele der in deutschen Restaurants angebotenen Weine sind einfach zu jung und zu teuer, und in der gehobenen Klasse fehlt oft der Mut, aus der Phalanx des Etablierten auszuscheren. Dafür ist das Zeremoniell um so aufwendiger.

Haben Sie in einem Restaurant mit gedämpftem Kerzenlicht und Stoffservietten schon einmal ein schnödes Bier bestellt? Erst straft einen der Kellner — »Wir schenken Bier eigentlich nur auf der Sommerterrasse aus« —, dann dreht sich ein halbes Dutzend Gäste um und bekundet demonstrativ Befremden. Bezeichnender-

weise findet sich gerade in solchen Restaurants am
Ende der Weinkarte oft kleingedruckt der Hinweis, daß
man sich eine gelegentliche Abweichung von den ange-
gebenen Jahrgängen vorbehalte. Mit anderen Worten:
die Talmi-Etablissements, in denen Bier als unfein gilt,
sind oft die gleichen, in denen man besser erst gar keinen Wein bestellt.

Der nächste Akt handelt vom Entkorken. Wie unge-
schickt auch immer der Kellner sich dabei anstellen
mag, hat er das Werk vollbracht, schnüffelt er mit
Kennermiene am Korken. In der Regel kann er gar nicht
viel riechen, denn um festzustellen, ob ein Wein wirklich »Korken« hat, was im übrigen höchst selten vorkommt, muß man ihn verkosten. Also kosten Sie, aber
hüten Sie sich, falls Sie zweifeln sollten, vor Diskus-
sionen mit dem Kellner. Sie werden dabei genausowenig
Erfolg haben wie bei dem Versuch, ihn davon zu über-
zeugen, daß er das Wasserglas wieder mit dem Bor-
deauxglas verwechselt hat. In einem deutschen Drei-
Sterne-Restaurant habe ich einmal auf dem trockenen
gesessen, weil ich nicht sehen konnte, daß die Flasche
im Kühler leer war. Als ich dem Kellner, der vergessen
hatte, mich darauf aufmerksam zu machen, empfehlen
wollte, das nächste Mal die leere Flasche einfach um-
zudrehen, mußte ich mich fragen lassen, in welchen
Restaurants ich normalerweise verkehrte.

Fragen der Etikette sind Fragen, die schon manch
einem den Genuß verleidet haben. Wenn man sein Glas
zum Beispiel so hält, wie der deutsche Anstand es

fordert, mit zwei spitzen Fingern, wird man den Wein nie richtig in Schwingung bringen und ihm den nötigen Sauerstoff zuführen können. Dazu muß man das Glas auf dem Tisch stehend langsam in kreisende Bewegungen versetzen (Rechtshänder am besten entgegen dem Uhrzeigersinn). Falls der Wein zu kalt ist, sollten Sie das Glas mit beiden Händen umfassen und so auf die richtige Temperatur bringen, während Sie umgekehrt den im Laufe des Abends zu warm gewordenen Roten am besten in den Weinkühler stellen. Und natürlich dürfen Sie den Wein auch schlürfen, ihm mit der Zunge ein paar letzte Schlenzer verpassen und hinterher kräftig auf ihm herumkauen. Entscheidend ist, daß Sie Ihren Wein so trinken, wie er Ihnen am besten schmeckt. Wein muß glitschen, sagt Schiller.

1995 hat das Deutsche Weininstitut eine demoskopische Studie über die Konsumgewohnheiten von Weintrinkern in Auftrag gegeben. Die Wissenschaftler unterschieden neun soziale Milieus, und ich selber fand mich als einer der »verläßlichen Freunde von Bordeaux und Riesling« recht gut getroffen. Dummerweise war ich damit in derselben Gruppe gelandet (»konservativ gehoben«) wie »Beamte und Rentner mit höherem Einkommen« und fühlte mich dort nicht ganz heimisch. Einen gewissen Hang zum Bewahrenden will ich allerdings nicht leugnen; wer die Geduld besitzt, eine Kiste zwanzig Jahre und länger nicht anzurühren, kann die Fragen des Tages eigentlich recht gemächlich angehen, der Wein liegt ja im Keller. Denke ich an die schweren

Kisten da unten, habe ich jedenfalls das Gefühl, gut verankert zu sein.

Ab und zu wird der Anker gelichtet, dann kommen Gäste an Bord und es geht auf Fahrt. Aber obwohl mein Weinkeller gut bestückt ist, habe ich vor einem größeren Essen dennoch oft das Gefühl, daß genau der Wein, der heute abend ideal wäre, fehlt. Zuerst soll es eine Suppe geben. Tomatensuppe, Kürbissuppe, Kerbelsuppe, welche Suppe auch immer, es gibt keinen Wein, der zur Suppe paßt. Kommt als nächstes ein Salat. Wieder das gleiche, Essig oder Zitrone im Dressing machen jeden Wein zunichte. Erst mit dem Hauptgang eröffnet sich eine Vielzahl von Kombinationsmöglichkeiten, die im wesentlichen auf zwei Prinzipien beruhen: Entweder bilden Wein und Speise eine harmonische Einheit – ein kräftiger Roter zu kräftigem Fleisch –, oder sie stehen in reizvollem Kontrast, wie etwa eine restsüße deutsche Riesling-Spätlese zu allem Asiatischen.

In jeder neuen Nummer Ihrer Lieblingzeitschrift finden Sie neue Trends, und ich will gar nicht erst versuchen, damit zu konkurrieren. Sie werden schon wissen, was Ihnen schmeckt, und was die Wahl des Weins angeht, sind Ihrer Phantasie keine Grenzen gesetzt. Ich persönlich achte gern auf das Gewicht – nein, nicht auf das Gewicht, an das Sie jetzt denken, sondern darauf, daß ein leichtes Essen einen leichten Wein und ein schweres Gericht einen vollen Wein braucht, unabhängig von der Farbe. Des weiteren finde ich es immer wieder erstaunlich, wieviel Geschmacksnuancen die regionale

Zuordnung offenbart: Elsässer Riesling zu Sauerkraut ist ja nur eines von vielen Beispielen dafür, daß die Winzer meist am besten wissen, welche Gerichte der Gegend zu ihren Weinen passen. Und nicht zu vergessen die Jahreszeiten. Auf den Spargel warte ich nur deshalb so ungeduldig, weil der dazugehörige halbtrockene Mosel endlich den Sommer eröffnet, und wenn später die Steinpilze in die Butterpfanne kommen, ist meist auch ein Barolo oder ein Châteauneuf-du-Pape zur Hand. Zum Käse, das sei noch hinzugefügt, bevorzuge ich Weißweine, und je weicher die Käse werden, desto süßer darf der Wein sein. Wenn man zum Hauptgang einen vollen Rotwein getrunken hat, sollte man mit dem Dessertwein warten. Spülen Sie den Geschmack des Roten einfach mit einem Glas Mineralwasser oder Champagner runter. (Auch wenn man ein Glas aus dem Schrank nimmt oder verschiedene Weine aus demselben Glas trinkt, lohnt es sich, das Glas mit Mineralwasser auszuspülen.)

Mit der letzten Frage, wie man die Weine eines Abends zusammenstellt, in welcher Reihenfolge sie am verträglichsten sind und ob es aus Gründen des Wohlbefindens nicht besser ist, bei einem Wein zu bleiben, bin ich am Schluß dieses Buches bei dem wohl umstrittensten Aspekt des Ganzen angelangt, der Gesundheit nämlich. Ich räume ein, daß ich dem Thema nie viel abgewinnen konnte. Weder habe ich den Aposteln im Kreuzzug gegen den Alkohol stichhaltige medizinische Beweise entgegenzusetzen, noch kann ich mit Überzeugung denjenigen beipflichten, die den Wein

als universelles Lebenselixier preisen. Mich interessieren nun einmal andere Weinbestandteile als Aldehyde, Ketone oder Histidin. Unbestritten ist lediglich, daß neben den unerwünschten Begleitstoffen, die Kopfschmerzen, Allergien und Leberaffektionen hervorrufen können, im Wein mindestens ebensoviele Vitamine, Mineralstoffe und Spurenelemente enthalten sind, die kräftigend und stabilisierend wirken; insbesondere einige der im Rotwein vorhandenen Substanzen erweisen sich als Schutzfaktor gegen Herz-Kreislauf-Erkrankungen. Während die einen so weit gehen, den Wein als Krebsrisikofaktor mit Tabak auf eine Stufe zu stellen, empfehlen die anderen ihn als probates Mittel gegen Verkalkung, weil er die Gefäßwände elastisch halte. So wogt der Streit seit Jahren hin und her und hat doch nicht mehr bewirkt, als daß sich jeder die Schlagzeilen herauspickt, die seinen Wünschen und Vorstellungen am nächsten kommen. Nach einer 1995 mit 13 000 Testpersonen durchgeführten Feldstudie der Universität Kopenhagen frohlockte das Forum Wein und Gesundheit e.V.: »Abstinenzler sterben früher.«

Weingenuß fördert, folgt man einer Broschüre der Deutschen Weinakademie, die Kreativität (»Zunahme des intellektuellen Leistungsausstoßes«), die Blutzirkulation, die Immunabwehr, die Knochendichte, die Verdauung, den Harnfluß, eine faltenfreie Haut und nicht zuletzt die Libido. Vergessen hat man bei dieser schönen Aufzählung Friedrich Dürrenmatt, der gern bei einer teuren Flasche Bordeaux in der Zürcher »Kronenhalle« saß. Auf die Frage, warum er soviel Wein trinke und dafür auch noch soviel Geld ausgebe, meinte er, nachdem er lang und genüßlich am Glas gerochen hatte: »Ja, wissen Sie, mein Zucker.«

Nicht weniger imposant ist die Liste der bei überhöhtem Alkoholkonsum drohenden Gefahren: Sie reicht laut Professor Dr. Klaus Jung von der Universität Mainz von der Selbstüberschätzung mit Neigung zu kriminellen Akten über »Persönlichkeitsverfall« bis hin zum »Kältetod«. Auch vor lautem Singen wird gewarnt. In diesem Punkt bin ich besonders anfällig. Wenn's irgendwo ans Schunkeln geht, ergreife ich instinktiv schon im voraus die Flucht.

Wir vertrauen auf den gesunden Menschenverstand, auch wenn er uns manchmal im Stich läßt, und überlassen es jedem selbst, zu entscheiden, wieviel Wein ihm bekommt. Das ist individuell höchst verschieden und hängt ab von der physischen Konstitution, von der momentanen Befindlichkeit, vom Alter, vom Geschlecht und natürlich auch von der Erfahrung, die der einzelne beim Genuß von Wein gemacht hat. Ich zum Beispiel weiß, daß ich aufpassen muß, wenn ich den ganzen Tag nichts gegessen habe, abends zu einer Stehparty eingeladen bin und in der Schlacht am kalten Büffet wieder einmal mit der Petersilie vorliebnehmen darf: Ein Glas kann da schnell ein Glas zuviel sein, und deshalb trinke ich vorsichtshalber auf zwei Gläser Wein ein Glas Mineralwasser. Wirklich betrunken war ich nur ein einziges Mal, nach meiner allerersten Weinprobe, deren fatale Wirkungen ich erst mitbekam, als ich weit nach Mitternacht auf die

Straße trat. Den nächsten Tag – es muß ein Sonntag gewesen sein – habe ich aus dem Kalender gestrichen.

In alten Märchen wird am Ende meist Hochzeit gefeiert. Alle Abenteuer sind bestanden, die Riesen liegen erschlagen im Wald, und Prinz und Prinzessin dürfen glücklich werden bis ans Ende ihrer Tage. Mit der Schilderung der Festlichkeiten zieht sich der Erzähler diskret zurück. So will ich es auch halten und jenes alte Volksmärchen in Erinnerung rufen, dessen Schluß mir schon in Kindertagen der liebste von allen war:

Nun feierten sie alle zusammen Hochzeit, daß man in zwölf Königreichen davon hörte, denn der Wein war stark und der Spielmann tüchtig dabei und jeder tanzte und trank für ein Dutzend und zwei. Ich war bloß so lange dabei, bis das erste Faß leer war; aber das war so groß, daß der Küchenmeister fast darin ertrunken wäre, denn er kletterte hinauf und wollte sehen, wieviel noch darin sei; da gab ihm ein Mädchen einen Puff, daß er kopfüber durchs Spundloch fiel; und wir wußten uns nicht anders zu helfen, als daß wir ganz furchtbar zu trinken anfingen, alle, wer nur ein Glas auftreiben konnte. Schließlich konnten wir alle nicht mehr; da kam der Koch zum Hahnen herausgeschwommen mit der Zipfelmütze in der einen Hand und dem Weinkelch in der anderen. Und er lachte dröhnend laut, bis ihm die Tränen über die Backen liefen.

Schwips, schwaps, schwaus,
Hier ist das Märchen aus.

Der Reichtum der einfachen Küche

Wer sich nach ursprünglichen und preiswerten Gerichten
sehnt, die zudem noch leicht nachzukochen sind,
kann sich mit diesen Rezepten aus sechs
beliebten Urlaubsländern verwöhnen
oder verwöhnen lassen.

Eva Gesine Baur,
Irène Furtwängler
Italien
dtv 36040

Eva Gesine Baur
Frankreich
dtv 36041

Eva Gesine Baur,
Anuschka Seifert
Spanien
dtv 36042

Eva Gesine Baur,
Monika Arndt
Deutschland
dtv 36043

Eva Gesine Baur,
Renate Zeltner
Österreich
dtv 36044

Eva Gesine Baur,
Beat Wüthrich
Schweiz
dtv 36045

»Eine wunderschöne Reihe – und fast ein Muß für alle,
denen Essen mehr bedeutet als satt werden.«
Deister- und Weserzeitung

»Eine wichtige Buchreihe für Genießer: Wer sich in der
einfachen Küche nicht gut auskennt, wird es in der
feinen erst recht zu nichts bringen.«
Peter Ploog, Chefredakteur von 'essen & trinken'

dtv

Kleine Philosophie der Passionen

Karl Forster

Segeln

dtv 20038

**»...mit einem Wirbel an Erinnerungen und Episoden,
gefühlsam, lyrisch, komisch...«**
Süddeutsche Zeitung, München

»›Kurs liegt an.‹ Ein häßlicher Moment. Es ist 2 Uhr morgens,
die Nacht hat keine drei Stunden gedauert, weil wir wieder
nicht in die Kojen gekommen sind. Und jetzt bin ich also
dran. Es sind immer die ersten fünf bis zehn Minuten, in
denen man heftig darüber nachdenkt, warum man sich das
antut. Warum man auf einer 13-Meter-Yacht nächtens durch
das Mittelmeer eiert, nur um irgendwann in irgendeinem Ka-
pheneion einen ›Metrios‹ zu trinken, diesen halbsüßen,
heißen, starken, kleinen griechischen Kaffee, den die Türken
natürlich einen türkischen nennen.

Nun, die ersten Minuten sind vorbei. Das Auge hat sich an
die Dunkelheit gewöhnt. Der Körper bewegt sich im Rhyth-
mus des Schiffes. Man beginnt wieder, eins zu werden mit
dem Meer, das uns seinen Willen aufzwingt. Und es wird   dabei kräftig unterstützt vom Wind. Wenn die beiden nicht wollen, dann kann kein Mensch dagegen an. Wobei es, und das
könnte mit ein Grund sein, warum man sich so etwas   immer
wieder antut, durchaus Möglichkeiten gibt, Meer und Wind
ein bißchen auszutricksen. Man nennt das Segeln.«

**»Karl Forster gilt als ungekrönter König der Ägäis
und vermittelt glaubwürdig und unterhaltsam,
daß es auf dem Boot nicht nur feucht,
sondern auch fröhlich zugehen kann.«**
Thomas Grasberger in der AZ

dtv

Kleine Philosophie der Passionen

Peter Würth
Gärtnern
dtv 20036

»Ein Garten ist ein schreckliches Wesen: vereinnahmend, herrschsüchtig, kostspielig, rücksichtslos, eitel, prätentiös und egozentrisch. Trotzdem verehrt ihn der passionierte Gärtner abgöttisch.«

»Ich liebe meine Frau. Und ich liebe unseren Garten. In dieser Reihenfolge. Eindeutig. Bei meiner Frau bin ich mir über die Rangfolge nicht immer ganz so sicher. Wenn sie von der Arbeit nach Hause kommt, ist sie müde und abgespannt, braucht Erholung. Das ist mehr als verständlich. Sie schließt dann die Türe auf, ruft mir ›Hallo Schatz‹ zu und geht in den Garten. Kein Kuß, keine Frage, wie es mir geht, nichts. Sie setzt eben Prioritäten: Wenn bei mir nicht alles in Ordnung wäre, hätte sie mich sicher schon im Büro angerufen. Außerdem bin ich erwachsen und selbständig. ›Ihr‹ Garten aber braucht sie. Er wartet den ganzen Tag lang auf sie, wartet darauf, gewässert, gedüngt, von Unkraut befreit zu werden. Ich kann ja selbst für mich sorgen, einkaufen gehen und mir etwas zu essen machen.«

»Ein lesenswertes und charmantes Buch – auch zum Verschenken. Statt Blumen.«
Bild am Sonntag

dtv